大坂町奉行所異聞

渡邊忠司
Watanabe Tadashi

東方出版

まえがき

現在の大阪の町を歩くと、大阪城の西側に当たる天満橋の南側、谷町筋をやや南に下った所に大阪府合同庁舎（中央区）がある。その辺りに、かつての近世大坂を統轄する「庁舎」の一つ、大坂東町奉行所があり、現在その跡の碑が建っている。町奉行所は東と西の二つがあり、西町奉行所跡の碑は東横堀川に架かる本町橋の東詰、現在の大阪国際見本市会館（中央区）に建っている。西町奉行所ももとは東町奉行所の碑が建つ辺りに、東町の西側に並んでいたが、享保九年（一七二四）三月の大火、妙知焼で焼失し、本町橋東詰に移転した。近世大坂の市政はこれら両奉行所を中心に行われていた。その地域が現在でも官庁街であるところは、役所と庶民の「間」の距離を感じさせて興味深い。

さて、すでに多くの研究が指摘しているように、近世は都市発展の時代である。織田信長・豊臣秀吉・徳川家康による天下統一と、それに伴う日本地域全体に城下町の成立と発展があった。その最も典型的な城と町の建設は大坂城とその城下町であった。これも『新修大阪市史』（大阪市）第三巻・第四巻をはじめ、『まちに住まう――大阪都市住宅史』（平凡社）、『大阪府の歴史』（河出書房新社）、また『大阪の歴史力』（農山漁村文化協会）など枚挙にいとまがないほど、多く語られている。

これらは日本各地に「町」が出現し、しかも農業からは完全に離れた、純粋な食料消費階層に属する人々が成立したことでもある。近世の城下町の成立はその「場」・地域と「町人」階層が確立したことでもあった。城下町の特色は、兵農分離による領主層（領主と家臣団、将軍・大名とそれらの家臣団）と百姓、商人・職人の職業および身分的な区別や、支配する者と支配される者との区分、またそれらの居住区域の区分に起因している。商人・職人らが百姓とは異なった「町の人」としての存在を認められるようになったのである。近世以前には都市といえば、強いていえば鎌倉や奈良町、各地の港町、宿場などもそうであったといえるが、ほとんど京都しかなかったことを考えると、近世城下町の建設は日本の身分構成・社会構成においても画期的なできごとといわねばならない。

その意味で、天正一一年（一五八三）に始まった大坂の城と町の建設は、他の城下町建設とは比較にならない重要性を持っていたといえよう。豊臣期の大坂は名実ともに統一権力の所在地で、首都であった。城を中心とした武家屋敷群、商人・職人町、寺町など、身分・職業に応じた居住区域の区分と配置はそれにふさわしいものであった。

しかし豊臣氏の滅亡後は、元和元年（一六一五）から五年にかけて松平下総守忠明が城主として配置された以外には、大坂を居城とする大名はいなかった。徳川氏の直轄地として推移し、軍事的・政治的な側面よりも経済的な側面がより強調された、商人の町、町人の町として発展した。近世には京都・江戸と並ぶ近世「三都」の一つとして、全国的な商品流通の中心であった。

そのことから大坂は城下町の特色が払拭された町のように思われがちである。

たしかに町の人口からすれば、武士の占める比率は絶対的に少ない。大坂の人口は近世を通じてほぼ三〇万人から四〇万人であった。武士の人口は大坂城代・定番・加番ら役職大名とその家臣団、また大坂城勤務の弓・鉄砲・御蔵・御金・御破損奉行など諸奉行、大坂町奉行・船手奉行などやその与力・同心らであったが、武士そのものの比率は常住・常駐を考え合わせても、大坂の人口のほぼ一パーセント、家族を加えても三パーセント前後とみられ、一万五千人以下と推測される。江戸の人口一〇〇万のうち、五〇万が武士であったとされることとは大違いである。

それにもかかわらず、大坂は町の形態では、豊臣秀吉の町建設以来、徳川幕府の元和六年から寛永五年（一六二八）までの再建を経て、大坂城を中心にした「城下町」が明治維新に至るまで変わることなく続いていた。都市発展の時代の最先端の城下町・建設都市、それが大坂であった。現在の大阪市街地域の広がり、経済活動の基盤、独特の人情などは近世において培われたものばかりである。高速道路に覆い被さられた東横堀、すでに埋め立てられた西横堀に西長堀や西区内に残っていた堀川、大阪のシンボル道頓堀に心斎橋筋など都市としての景観、失われた部分は多いが、今でも生活道路や生産・商業地域、住宅地域、政治行政機関の集中地域など、それらの多くが、位置もほぼそのままに受け継がれている。

ところが、最近は近世大坂の景観が急速に失われつつあるのも事実である。町名の変更、町並みの改造に伴う遺跡の発掘調査と破壊、これもまた枚挙にいとまのないことがらでもある。はたしてそれらが致し方のないことなのか、やむを得ないことなのか、少し考える時間は作っても時代に遅れることはないと考えるのであるが、どうであろうか。

筆者もさきに、近世の大坂についてささやかな読み物を出した。『町人の都大坂物語』（中公新書、一九九三）、『大阪十二月物語』（関西リサイクル文化社、二〇〇一）、『大坂見聞録』（東方出版、二〇〇一）、『近世「食い倒れ」考』（東方出版、二〇〇三）などである。いずれも大阪を考えるためにいくつかの素材を提起したつもりであったが、これから述べることがらも、これからの大阪を考えるための素材の提供である。大阪を考えるためには、とりあえずは現在の大阪や、その歴史や風俗、伝統に興味を持つことであろうと考えるからである。

そこで、大阪の史実でも不確かなことがらや記録が多いが、その根拠を探りながら、大阪の歴史や文化に目を向けてもらうための素材を提示してみた。

大坂町奉行の創設期にはいくつかの謎めいた事件が起きている。その第一は初代の大坂西町奉行嶋田越前守直時の「頓死」、つまり急死である。その死因については松茸の食い過ぎによる中毒死説と自害説があり、確かな死因については現在でも謎が残されている。しかもこの頓死と同じ頃、『元寛日記』などの幕府日記に「寛永刃傷事件」として知られる豊嶋刑部明重による老中井上主計頭正就殺傷事件があった。豊嶋は嶋田とは友人関係にあり、刃傷事件の原因も嶋田の娘の縁談に関係していた。その背景には、寛永期江戸幕府の支配行政体制と機構における徳川直臣団（旗本）と親藩・譜代大名との間の主導権争いも関連していたと考えられ、その確執の結果ともみられる刃傷事件であった。嶋田の頓死には、これを探ることも欠かせない。

第二の謎は、直時の頓死によって西町奉行が一時期不在となり、配下の与力・同心が入牢したうえ四散したとされる事実であり、その不在の間隙を埋めるように、『徳川実紀』にも記される水野河内守守信（信古）の大坂町奉行就任説である。これは、『国史大辞典』が初代の東町奉行を久貝・水野の二人（大坂町奉行三人補任説）とする解説につながる謎である。

『徳川実紀』に記される水野就任説の記事は水野の家譜から引かれている。水野守信の子孫が書き上げた、いわゆる『寛政重修諸家譜』と『干城録』に収録される記事である。大坂町奉行をめぐる史実の混乱であるが、これらがいずれも嶋田直時の「頓死」に基因している。その頓死が水野守信の大坂町奉行就任説の遠因である。これらは水野の家譜と、嶋田の頓死の背景を探ることで、大坂町奉行・大坂町奉行所創設期の事実を確かめることができると考える。

本書は、これらの大坂町奉行所にまつわる話を私なりに解明、考察した結果である。特に、日本史関係の辞典や教科書などと異なった事実関係を取り上げて考えてみることにした。江戸の、いわゆる町奉行であれば、南町・北町の両奉行所に関連した名物奉行大岡越前・遠山金四郎、与力・同心またその手下である岡引銭形平次などを主人公にした物語は、映画やテレビのドラマによく取り上げられているから、多くの人が江戸とは直接に関係なくてもそれなりに熟知されているように思える。

しかし大坂町奉行所の奉行や与力・同心その手下について、主役として、またその主題として映画やテレビで取り上げられることはほとんどない。取り上げられるにしても、北町奉行から大坂町奉行に事件の関係事実を問い合わせた場面で、台詞のなかにわずかに登場するとか、事件の事情を説明する場面に大坂町奉行が出てくるとかのような取り上げられ方である。その場合でも、正確に大坂東町奉行とか西町奉行と表現されることはないようで、ある江戸の南町奉行を主人公にしたドラマでは「大坂天満の奉行所に問い合わせよ」という台詞となっている。たしかに天満には与力・同心の居宅があり、天満与力町・同心町はあったけれども、そこには大坂町奉行所などなかった。笑止千万な話である。

近世の大坂は三都の一つとして、全国的な商業流通の中心地・結節点また集散地であり、幕府にとって江戸を支える拠点であったし、また畿内・西国に対する軍事的備えと治安・警察的な統轄の中心でもあったが、その経済的・政治的重要性の高さに比較して、現在、一般の人々が江戸に対して持っているような熟知度は大坂に対してはないようである。この点については、すでに検討したことがらであるが、簡単にいってしまえば、近世に始まる江戸（東京）一極集中政策のもたらした結果であるといえる（『近世「食い倒れ」考』二〇〇三年、東方出版）。

これらのことは近世の大坂に対する歴史的認識の現状を示しているが、以下ではそのような歴史的認識を少しでも是正するために、まずは多くの人に近世の大坂に興味を持っていただきたいと考えて、日本史の辞典や教科書では置き忘れられているいくつかの事実を提供している。大坂町奉行や与力・同心を主人公にしたテレビや映画のドラマが、近い将来登場することを期待したいものである。

目次

I　大坂町奉行創設異聞

一　三人の大坂町奉行と史実の「錯誤」

1　大坂町奉行の創設

大坂町奉行と職務

元和五年（一六一九）、大坂は幕府の直轄地となった。大坂町奉行は軍事部門の統括者である大坂城代・定番・加番・大番らとともに、主に民政部門を管轄していた。大坂町奉行は、長崎奉行・京都町奉行・駿府町奉行・伏見奉行・奈良（南都）奉行・堺奉行（堺政所）・佐渡奉行・新潟奉行・山田奉行などとともに、江戸幕府の遠国奉行の一つであった。遠国奉行とは老中支配に属し、幕府直轄地の政務を担当する奉行である。大坂町奉行の場合は、主に二、三〇〇〇石の旗本が任命されており、役職高は一五〇〇石であった。

大坂町奉行職は、元和元年九月に一〇万石で大坂城に配置されていた松平下総守忠明が、同五年に大和郡山に転封されたあと、大坂が直轄地とされた同五年九月に創設された。創設については五年七月とする説もあるが、ここでは九月としておく。東西二名が定員で、大坂町奉行に就いた人数は東西で九四人（再任があり、延べでは九五人）が数えられる。途中定員に異動はあるが、以後明治維新に至るまで、基本的には東西二名の定員で推移している。

その管轄区域は、支配所としての大坂市中（大坂三郷）のほか、支配国として、初期には摂津・河内二ヵ国、後に享保七年（一七二二）の変更以降はさきの二国に和泉・播磨を加えた地域に広がる。職務は支配所・支配国の治安・警察、訴訟・裁判を担当していた。特に初期には徳川幕府の畿内・西国統治の確立期でもあったことから、京都所司代・大坂城代、京都郡代（寛文八年から京都町奉行）、両永井（淀藩永井信濃守尚政、神足のち高槻の永井日向守直清）、伏見奉行、郡代五味氏らとともに、いわゆる八人衆体制と呼ばれる合議体制による統治体制の一角を担っていた。

大坂は町数が最多のときで六四五町あり、それらが三郷と呼ばれる北組・南組・天満組の三組の行政区域に分けられていた。その市政は三郷惣年寄が各町の町年寄を統制することを通じて執行され、各町の町政は町年寄を中心に町人の寄合によって執行されていた。大坂町奉行は惣年寄・町年寄の機構によって町民（町人・借家人）を統制した。与力・同心は大坂町奉行所でその実務を担当した。いわゆる御番所は三郷市中への触書等の発令、その警察治安維持と刑事・民事を管轄する裁判所であった。

勤務形態は東西の町奉行が一ヵ月ごとに当番を替わる月番制であった。東町は久貝因幡守正俊、西町は嶋田越前守直時が初代である。任期は不定で、以後東町四九人、西町四六人が引き継いで幕末に至る。但し久貝は元和五年から慶安元年（一六四八）まで、在任期間が三〇年に及ぶ。これは初期の大坂町奉行が役職として未確立であり、いわば畿内・西国支配の固定した体制

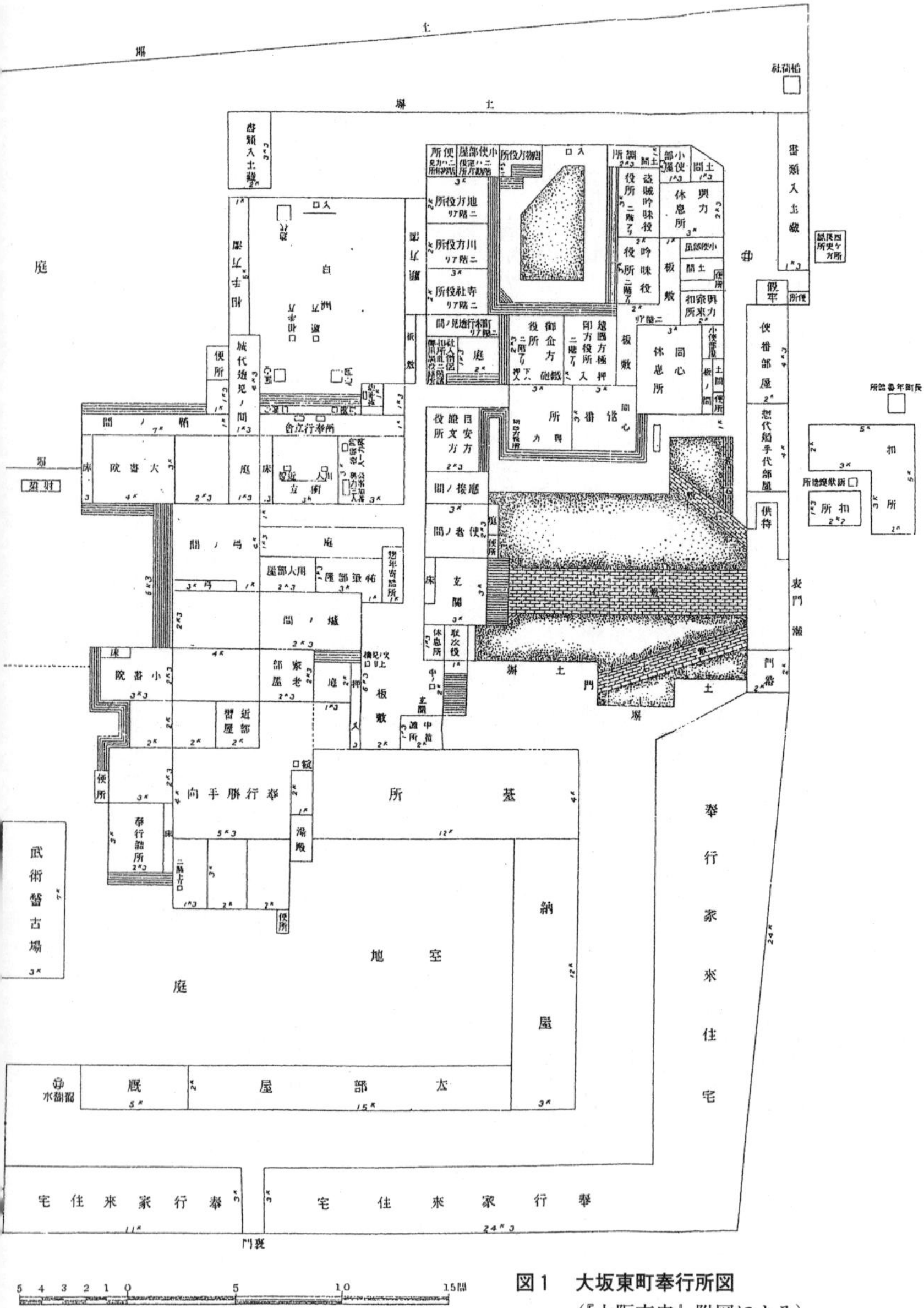

図1　大坂東町奉行所図
（『大阪市史』附図による）

をつくるための必要措置で、しかも久貝個人の役割の重大さを示しているともいえよう。

大坂町奉行屋敷の造営

東西奉行所屋敷は大坂町奉行の役宅であり、公的な執務と私的な日常生活を送る場所である。与力・同心も天満の居宅からここに出勤し実務をとる。『大阪市史』（大正二年）には、谷文晁の描いた大坂東町奉行所の鳥瞰図と、付図「天保十四年大坂図」に元禄年間調査とする「大坂東町奉行所図」が収録されている。

これらによると、表門は東側に設けられている。「大坂東町奉行所図」では、表門から西に玄関に向かう敷石の通路があり、そこから屋敷内へ入る。その通路の北側に、三間ほどの土固めの庭を挟んで与力・同心の当番所（受付窓口）があり、一般の願書・訴訟はここで受け付けられる。当番所部屋の北面には北側の土塀際まで、与力・同心の実務部屋が役席ごとに中央の土庭を囲んで整然と並んでいる。すべて二階があるが、その執務部屋の東側に白洲が配置されている。取り調べと裁許の場である。奉行の居宅部分は屋敷の南西部に位置している（図1参照）。

東西の屋敷は、東が二九六五坪、西が二九三七坪であった（大阪市史史料第六輯『手鑑・手鑑拾遺』大阪市史編纂所、一九八二、同第四十一・四十二輯『大坂町奉行所旧記』、一九九四）。ほぼ同じ広

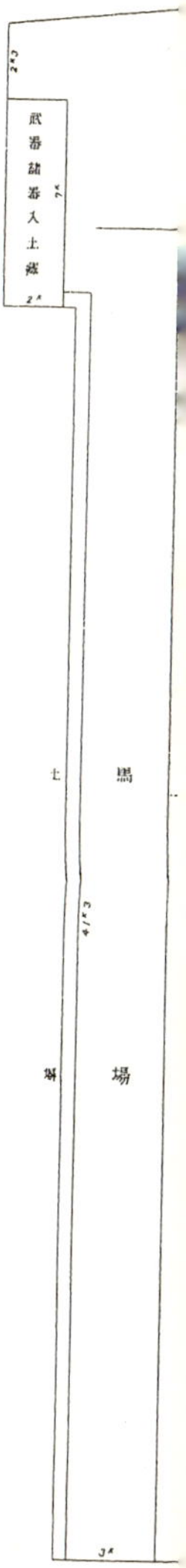

さであるから、同じ部屋割と間取りの配置であったと考えられる。さきに触れたように、享保九年（一七二四）の妙知焼までは、京橋口南詰に東西が並んで置かれていたが、西町が焼失したため、本町橋東詰に移転した。

大坂町奉行所の記録からみると、東西の屋敷は最初から京橋口南詰めに並んであったとするが、『大坂濫觴書一件』（『大阪市史』第五所収）には異なった記事が記されている。『大坂濫觴書一件』は元禄一二年（一六九九）に成立し、大坂三郷の成立や城代・常番・町奉行、惣年寄など役職やさまざまな制度の成立、由来をまとめている。そこでは大坂町奉行とその屋敷の成立について、元和五年二月のことであると記している。

一元和五未年二月、元農人橋口御門内塙団右衛門役屋敷其侭御繕ひ、大坂町奉行として始而嶋田越前守直時御在番、又京橋口西之方ニ御役屋敷出来、大坂奉行として始而水野河内守殿御在番、（下略）

ここには、最初に大坂町奉行として嶋田越前守直時が赴任してきたこと、そのときの屋敷は「農人橋口御門内塙団右衛門役屋敷」を修繕して用いたことが明記されている。嶋田は初代の西町奉行として任命されたが、年月日は五年二月、その屋敷は農人橋口にあった豊臣氏の家臣塙団右衛門の屋敷であったことになる。塙団右衛門とは、物語りではよく知られた人物であるが、その実像は不明である。ともかく屋敷はあったということである。

これを西町奉行所とすると、記録にみられる「京橋口西之方」の屋敷がその後に造成され、後の記録を参照すると東町奉行所となったことが確かめられる。東西の町奉行の初代が水野と嶋田となっていることは、大坂町奉行の創設期に関する史実の混乱の一つであるが、この点は後に検討することにしよう。

奉行屋敷と淀屋

大坂町奉行屋敷の記録から推測される史実がもう一つある。「又京橋口西之方ニ御役屋敷出来、大坂奉行として始而水野河内守殿御在番」とある部分である。明らかに東町奉行所の造営と初代の東町奉行を記している。初代の東町奉行が水野であるとすることは、後に検討するように、幕府記録の混乱、史実の錯誤とみられる。

それは別にして、注目したいことは、新たに屋敷が造営されたとされる「京橋口西之方」の位置である。元禄一六年の大坂図では京橋二丁目であるが、その北側の大川沿いが京橋一丁目である。京橋一丁目付近にはもとは淀屋个庵屋敷があり、元和二年（一六一六）にはその屋敷跡で青物市場が再開されている。『青物市場濫觴』には「淀屋个庵屋敷」となっている。

一当市場之義者、天正・慶長之頃ゟ、恐多くも当地御城土手下ニ而青物・魚・干物諸品類問屋業始ル。其後慶長十九・元和元年戦故、夫々知ル辺之方江離散、翌元和二年泰平ニ納、
京橋壱丁目淀屋个庵屋敷ニ而再始、市立いたし来候、

この時期は松平忠明が大坂陣後の復興に当たっており、町の再建に向けて新たな町割・地割を行っていた。それに対応するかたちで、个庵の父で大川町の淀屋常安は中之島の開発を忠明に願い出ている。その系譜は常安の項に記される（「岡本家系譜」『大阪編年史』第七巻）。

元和偃武ノ後、官ニ請テ中ノ島ヲ開拓築造シ、同五年竣功ス。依テ其地ニ住ス。故ニ常安ノ名町橋ニ命シ、後ニ伝フ。元和八年壬戌七月廿九日没。

常安は開発地域を常安町と名付け、大川町の居宅から中之島に移った。この後に个庵は大川町の店・家屋敷を継ぎ、淀屋橋家淀屋の祖となった。淀屋橋家は淀屋本家として維持されたが、宝永二年（一七〇五）に闕所となっている。

五年の開発竣工と移住、元和二年の个庵屋敷での青物市場再開などは、元和元年以降の松平忠明による大坂再建と深い関連があるようである。しかも元和五年に大坂町奉行所が創設され、京橋口西之方に屋敷が造営されたが、淀屋个庵の屋敷移転もこれに関係しているといえよう。

2　三人の大坂町奉行

『国史大辞典』の錯誤

大坂町奉行についてはいくつかの興味ある話が残されている。たとえば新版の『国史大辞典』（吉川弘文館）をみると、その初代を嶋田直時と久貝正俊としてはいるが、水野河内守守信（信古）をあげることもあると注記しており、同辞典に掲載されている「大坂町奉行一覧」では初代に嶋田と水野をあげ、久貝は寛永一〇年（一六三三）からと記され、矛盾した解説となってい

る。その解説をみると、

元和五年（一六一九）久貝正俊・嶋田直時が補されのがはじめて（一説に久貝は寛永十年補任、また一説には五年久貝・嶋田と水野信古の三人補任）。定員は二名。元禄年間（一六八八―一七〇四）に一名を増して堺奉行を兼ねさせたり、幕末に町奉行並というのを増置したことはあるが、これらは一時的なもので、二名が定制である。（中略）また下僚として与力三〇騎、同心各五〇人がいた。

となっている。つまり初代大坂町奉行には嶋田と久貝とともに、水野もあげられている。これによれば初代の大坂町奉行は三人であったことになる。

大坂町奉行の記事は、大坂三郷の記録である『大坂濫觴書一件』『大坂三郷町中御取立承伝記』（『大阪市史』第五）や『役人帳』にみられる。西町が嶋田であることはいずれも一致しているが、東町については水野となっている。たとえばさきの『大坂濫觴書一件』では、大坂町奉行の初代は嶋田直時と水野守信とある。大坂城にいた松平忠明は元和五年七月に転封されるが、その前の二月に大坂町奉行の任命があったこと、最初の奉行が嶋田、次いで京橋口の奉行に水野が赴任してきたことが記される。ここには久貝正俊の名前はみえない。

同様に『大坂三郷町中御取立承伝記』も安永九年（一七八〇）に成立した大坂三郷や諸制度の成立と由来についての伝聞記録であるが、これにも久貝の名前は記されていない。

一元和五年下総守様和州郡山江御移被成候、

大坂ハ御番城ニ被為遊、

御城代　内藤紀伊守様
町御奉行　東御番所　水野河内守様
　　　　　西御番所　嶋田越前守様
御定番ハ元和七年ゟ御居り之由ニ候、

しかし多くの記録や通史では、初代の東町奉行は久貝正俊である。日本最初の自治体史である『大阪市史』をはじめ、新しく編纂された『新修大阪市史』でも初代の東町奉行は久貝としている。これが通説である。この記録の錯誤はなぜ生じているのか、何に基因しているのか、である。

大坂町奉行をめぐる史実の混乱・錯誤の一つはこれである。はたして大坂東町奉行の初代は水野守信（信古）か久貝正俊か、とくれば、その裏側でも探ればテレビドラマの一つでも書けそうな題材ではある。

二人の初代大坂東町奉行

徳川幕府の正史『徳川実紀』（第二篇、以下『実紀』）も、初代には久貝正俊をあげながら水野守信もあげており、編纂当時でも異なった記録や意見があったことを示している。同書元和五年（一六一九）九月一〇日の条に、

この日嶋田清左衛門直時。久貝忠左衛門正俊。水野半左衛門守信。大坂町奉行命ぜられ。正俊は千五百石下賜せられ三千石になされ。其与力同心給料とて。五千石下され八千石にな

る。

とある。これによると、たしかに徳川幕府の初代の大坂町奉行は三人いたことになるが、このうち嶋田は西町奉行であるから、東町奉行は二人いたということになる。

さらにこれに続けて、『実紀』の困惑を示す注記が付けられている。

> 重修譜久貝を正月十五日。水野半左衛門守信を二月七日とすといへども。其時は大坂いまだ松平下総守忠明が領地なれば。大坂町奉行命ぜられるべきにあらず。元和年録によりて此日に係《（ママ）》く

この注記は大坂町奉行創設の日時にかかわっている。三人とも任命された日付が異なっているが、これは任命するときに各人にはそれぞれ個別に言い渡したためと解釈すれば解決のつく問題である。ここで、あえて『寛政重修諸家譜』（以下『重修譜』）を再検して「正月十五日」「二月七日」とする任命の日付と、その経緯を確かめておこう。

久貝正俊の『重修譜』をみると、任命・就任の正確な日時は記されていない。

> 慶長十九年、大坂陣に供奉し、御使番をうけたまはり、元和元年の役にもこの役をつとむ。総攻のとき隊下の者を下知し、首三級を獲たてまつる。二年正月十一日、御目付にすゝみ、五年、御上洛のとき、二條城にをいて、大坂の町奉行を命せられ、采地千五百石を加増あり。先ニ武蔵国において賜ふところの千五百石をあはせて、河内国交野郡のうちにして、三千石を知行す。このとき与力・同心を預けらる。九年、また与力十騎増あつけらる。寛永二年正月朔日、従五位下、因幡守に叙任す。

ここには元和五年に、秀忠が上洛したときに「大坂の町奉行」に任命され、千五百石を加増されたとある。正月一五日の任命、また『累代武鑑』の九月一四日、あるいは『役人帳』の九月二五日などの明確な日付は明示されていないが、大坂町奉行になるまでに御使番から御目付を経ていたことや、大坂町奉行就任時の与力・同心の付属などの経緯が書き上げられている。

同様に、水野守信の『重修譜』を確かめておこう。これには大坂町奉行就任の日付が元和五年二月二日と明記されている。関係部分だけ掲げる。

元和三年、御使番となり、のち長崎奉行に転じ、五年二月二日、大坂の町奉行となり、寛永六年二月六日より堺の奉行をかぬ。

ここにも御使番から長崎奉行、大坂町奉行への役職の経緯が記されるが、久貝の記録とは違って、「大坂の町奉行」に就いたときだけが月日まで記される。しかし後には格上の役職となった長崎奉行の就任月日は明解に記されていない。

さらに、西町奉行であった嶋田直時の『重修譜』の記事をみよう。任命日付は、『元寛日記』に元和五年の「二月七日、嶋田越前守、始而大坂町奉行被仰付」とする記事があるが、『重修譜』には月日の明示はない。

大坂御陣にしたがひたてまつり、元和二年、父重次ニあつけたまふ御鉄炮足軽五十人をあつけらる。五年、大坂の町奉行となり、寛永二年正月朔日、従五位下、越前守に叙任し、四年より堺の奉行職をかぬ。

『元寛日記』の記録を加味すると、五年二月二日に任命されたことになるが、『累代武鑑』には御目付久貝とともに「九月十四日堺奉行より」転任したことになっている。また『役人帳』には元和五年七月二五日に就任の命を受けたことを記している。

これらのうち、久貝と嶋田の家譜には、大坂町奉行に付属する与力・同心が御目付に付属した与力・同心また鉄砲足軽から始まっていることが記されている。大坂町奉行と与力・同心および大坂町奉行所の役務・行政組織の発生も示唆されているが、この点は後に触れることにしよう。

いずれにしろ、『実紀』の記すように、それぞれの『重修譜』の記事は、日付は異なっていても元和五年の三人の「大坂の町奉行」の就任を記している。しかし、元和五年正月あるいは二月はまだ忠明の支配時期であった。記録にみられる正月一五日、二月二日、二月七日、七月二五日、九月一四日、九月二五日は、三人のそれぞれの任命と就任の日付とみられる。これらは後の記録の曖昧さから出てくる矛盾である。この点は次に触れることにして、日付の行き違いはとりあえずは、幕府が忠明を転封する方針との関係と推測される。

日付で一番早い正月一五日は久貝正俊の就任日付である。これはこのころすでに忠明の転封が決定したことを意味しているとみれば、この時点で後継の人事が動き出していたといえよう。要するに久貝に内示があったのが正月一五日で、実際の赴任で江戸を出発した日付が九月一〇日であり、大坂着任の日付が九月二五日であったということであろう。『実紀』が『元和年録』の日付をあえて記していることは、『実紀』編纂時の混乱を表しているといえよう。

松平忠明の転封は元和五年七月二二日に現実となった。さきの三人がすべて大坂町奉行に任命されていたとすれば、九月一〇日以前の日付はそれぞれへの内示・任命の日付とみることが妥当であろう。赴任はこれ以後のこととなる。『実紀』の九月一〇日は江戸出発の日付とみてよい。

3　『徳川実紀』記事混乱の背景

幕府記録の矛盾

三人の町奉行という事態が、実際の歴史的事実としてあったのかどうかはきわめて疑問である。その原因は『実紀』編纂時点での事実誤認にあったといえよう。もちろん『実紀』が事実誤認に至るには、記事の根拠とした記録類の混乱や誤りがあったためでもある。幕府諸役職の記録類には、さきにみたように、任命・就任の日付がさまざまに記され、初代の大坂東町奉行に久貝を記さないで水野だけを記している場合もある。そこで、ここではこれらを時代の新しい順に遡るかたちで整理して、それらの記録類の脈絡と事実関係を確かめ、矛盾の背景となった記録を明らかにしておきたい。

手始めに、三人の町奉行に限って役職記録を確認することから始めよう。

『官職制度沿革史』六「大阪に於ける諸職」は記録の典拠とした史料名を明記して、大坂町奉行が元和三年（一六一七）九月に三人に任命されたことを記している。

大坂町奉行は、元和三年九月、始めて三員を置く官中秘策・役人前録、後世二員たり。官署を東西二所に置き、市街を管し訴訟を裁判し、兼ねて河内・和泉の国事を摂す。但し諸務の処理に至ては、城代及定番に商議して後其事を行ふ。老中の所管にして従五位下に叙す。千五百石の職高にして、職録六百石なり。各与力三十騎・同心五十人を隷す（官中秘策・役人前録・武鑑）

ここには就任の日付と員数の経緯、職務の概要が明記されている。このうち就任の日付は『実紀』他の記事からみても誤りで、史実からすれば論外のことである。したがって根拠とした『官中秘策』『役人前録』の記事も就任年月日については誤りであることになるが、『官中秘策』の就任日付は元和三年九月ではない。ただ最初の奉行が三人であり、後に二人になったとする記述も同種の引用史料によっており、三人の奉行の同時任命は『実紀』によっているとみられる。そこで、次に『実紀』の記事の根拠を確かめることが必要である。

『官中秘策』一「大坂城之事、并諸役人之事」は大坂町奉行の勤務開始年月日を元和五年二月と記している。その東西の初代は水野と嶋田とする。

町御奉行両人　千五百石高
御役料現米六百石ツヽ、与力三拾騎・与力五十人
　御用日　二日　五日　七日　十二日
　　　　　十八日　廿一日　廿五日　廿七日
当御役ハ、元和五未二月、水野河内守守信、初而東御番所へ相勤、同年同月島田越前守直時、初而西御番所を相勤、何れも当役中委ク引越、

この史料は『官職制度沿革史』の典拠とされている史料である。知行高・役料、与力・同心の

定員、御用日が記されるが、これらは他の史料と変わるところはない。『官職制度沿革史』がこれによって明示した就任の年月日は、これによると元和五年二月となっており、単純に引用の誤りであったことが知れる。ただし、ここでも東町奉行の初代は水野守信となっている。

また『官職制度沿革史』が典拠としていた『役人前録』『武鑑』や『寛政武鑑諸御役前録』では、東は水野、西は嶋田、就任年月日は元和五年二月としている。

大坂町御奉行

同 東御番所　元和五未二月　水野河内守守信
　 西御番所　元和五未二月　島田越前守直時

同様に『明良帯録』後編には、大坂町奉行の創設と、その後の元禄八年保田越前守宗易から太田和泉守好敬まで堺奉行を兼帯していたときの経緯が記されている。

大坂町奉行千五百石高　御役料現米六百石　与力三十騎
　　　　　老支　　　　　　　　　　　　同心五十人

元和五年、水野河内守守信被仰付、寛永六年堺奉行を兼たり、元禄八年、保田越前守宗易堺奉行を兼て後、太田和泉守好敬の節兼役止む。此場も京都町監と同断にて、土地京中の訟に限らす、地続在方迄の事を聴く。尤大坂ハ要地なれバ非常の備第一なり。

この記事は、就任日時と東町奉行については『官中秘策』の記録と同じ要件であり、それを下敷きにしているみてよい。ここでも初代東町奉行は水野河内守守信である。ただ、これは堺奉行職の系譜を記すことが主であることから、その観点から大坂町奉行をみて兼帯の奉行をあげていることに注意しておきたい。

これらに対して、『元和年録』『累代武鑑』は元和五年九月に嶋田直時と久貝正俊が就任したことを記している。

嶋田越前守直時 元和五未九月十四日堺奉行より

久貝忠左衛門正俊 元和五未九月十四日御目付より

この記録では、就任の日付が九月一〇日でも九月一五日でも、また九月二五日でもない九月一四日となっている。これも記録の混乱の一つではあるが、『元和年録』と同じく初代は嶋田と久貝である。『実紀』成立以前の記録であることにも注意しておきたい。

また、これらの基になっていると考えられる記録類が、さきにみた延宝二年（一六七四）四月の『大坂濫觴書一件』、宝暦三年（一七五三）九月の『初発言上候帳面写』、安永九年（一七八〇）一一月の『大坂三郷町中御取立承傳記』などであろう。しかし、これら大坂の記録は『実紀』の記事に反映されているとはいえないようである。

矛盾を生んだ背景

みてきたように、『官職制度沿革史』などの記録からでは、なぜに初代の大坂東町奉行が二人になっているのかは読みとることはできない。むしろ水野守信が初代であるということが強調される結果となっている。『実紀』成立後の記録は、それに影響されて三人説を記すことが一般的になっていたようである。その意味では、記録の矛盾は『実紀』にあり、三人説を記した『実紀』の根拠とした記録にあることが否定できないようである。

水野守信をめぐる記録の混乱には、久貝が寛永一〇年（一六三三）に大坂東町奉行に補任されたという記録も関係している。つまり、水野が初代の東町奉行であるとすると、久貝の行き場がなくなるのである。そこでもう少し『実紀』をみていくと、気になる記述が出てくる。その第二篇の寛永六年二月一〇日の条に、

六日大坂町奉行水野河内守守信に。堺奉行を兼しめらる。

とあり、また同九年一二月一七日の条には、

この日大坂町奉行兼堺奉行水野河内守守信并柳生但馬守宗矩。目付秋山修理亮正重。井上筑後守政重惣目付に仰付らる。これ今の世に大目付といふもの、濫觴なり。

という記録もある。

つまりこれらからすると、水野は元和五年から寛永九年まで大坂町奉行であり、その間六年から九年までは堺奉行を兼帯していたこととなる。この九年一二月一七日に、大坂町奉行兼堺奉行から大目付に就任したこととなる。したがって、水野元和五年大坂町奉行就任説をとると、必然的に久貝の大坂東町奉行就任は寛永一〇年にならざるをえないのである。

ところが『実紀』には、水野の後任の堺政所石河三右衛門勝政の就任記事は寛永一〇年正月一二日の条に記されているが、久貝の大坂町奉行就任の記事は載せられていない。記録が残されて

いないのである。これは初代の東町奉行を水野と久貝としたこと、守信を大坂町奉行に就任したとする記録の矛盾から生じているようである。

さらにこの矛盾を引き起こすもう一つの要因が西町奉行嶋田直時の「頓死」であった。『実紀』の寛永五年一〇月七日の条には、

七日大坂町奉行兼堺政所島田越前守直時頓死し。その子刑部少輔直次家をつぐ。

とあって、堺政所（奉行）を兼帯していた直時の急死を記している。嶋田の頓死の原因もミステリーである。これは後に検討することにして、水野の寛永六年からの「兼堺奉行」云々の記録は嶋田の頓死につながるように記されているようである。

ここにも記録の矛盾を増幅する根拠があるようであるが、これに加えて、水野守信にかかわる記録が混乱しているのは、寛永一〇年以降は大目付として活躍している有力な旗本であったことにもよっているであろう。昔も今も有力者は「強い」のである。

史実の混乱を解く鍵

問題ははたして久貝・水野両人とも東町奉行として赴任したのかどうかである。特に久貝は幕府の畿内・西国統治に重要な役割を果たしていたから、任免についてその正史であいまいな部分があるというのは意外なことではある。もちろんこれについては、単なる記録の誤りであると、すでに指摘している研究もある（白川部達夫「大坂町奉行成立についての二、三の問題」『日本歴史』第四八一号、一九八九）。

たしかに記録の単純な錯誤である。しかし、錯誤であるとして一笑に付してしまうには見過ごせない問題があるようである。史実の混乱、真偽の混乱を招いているからである。初代の大坂東町奉行の記録が、あるところでは久貝であり、またあるところでは水野であるというのはいかにも寝覚めが悪い。これはひょっとして記録の誤りというに止まらず、旗本や親藩・譜代大名の間での、幕府支配体制確立期の主導権争いも絡んでおり、その反映であるかもしれないと考えられるからである。

記録の混乱、それからもたらされた史実の混乱がどこから出ているのかを確かめる必要があろう。「ミステリーは密の味」とは推理小説の決まり文句であるが、これは歴史の事実に関係する謎である。歴史は正しく伝えられなければならないとすれば、解いておかねばならない錯誤、誤りである。

二人の初代大坂東町奉行を解く鍵の一つは、さきに触れた『実紀』の注記部分にある。まず三人の大坂町奉行任命の日付が違っていることであるが、これが『重修譜』に記された系譜記録にあると指摘していることである。さらにその日付を修正して、『実紀』に載せた記録の根拠が『元和年録』であることである。

したがって、この初代東町奉行をめぐる記録混乱の解明には、第一に『重修譜』の記述を確かめることから始めなくてはならない。大坂町奉行に関するいくつかの記録の矛盾については、筆者もすでに触れたことがある（『大坂町奉行所与力公務日記』大阪市史史料第二十三輯・二十六輯の「解題と解説」参照）。

このような記録の矛盾はなぜに生じたのか。いわば単純な記録の誤りが生じた背景にはどのような事情があったのか。大坂町奉行創設期の記録の不正確さや不十分さがあったとしても、興味を惹かれる記録の矛盾・錯誤である。

初代の大坂東町奉行について『実紀』の記述は曖昧であるが、この点はある意味では解決している問題でもある。すでに『大阪市史』第一には、明解に東町奉行の初代を久貝と断定し、『新修大阪市史』第三巻もこれを再確認している。また『大阪府史』第五巻は水野が大坂町奉行に就任したという史料を検討して、その不正確さを指摘し、水野は大坂町奉行になっていないと断定されている。

しかし、さきの『国史大辞典』をはじめ、年表類も多くは『実紀』の記述を基礎に、元和五年(一六一九)二月二日に水野守信が大坂町奉行になったことを載せている事例があり、久貝については寛永一〇年の補任とする説も注記している事例が多い。『大阪府史』第五巻も水野の就任を否定してはいるが、『実紀』のような記述の混乱の根拠については触れるところがない。問題はこの混乱の根拠はどこにあるかであるが、これは『実紀』の元和五年・寛永六年・九年の記録のいずれにも用いられている『重修譜』『元和年録』『元寛日記』などの記録にあるようである。したがって史実の混乱を招いた誤りを解く鍵もこれらを検討することにあるといえよう。

4　水野守信初代大坂東町奉行説の背景

記録の矛盾

初代の大坂町奉行については、『国史大辞典』でもなお断定はされていない。そこにはさきに触れたように、初代の東西町奉行説には、一つは「久貝・嶋田」説、二つは「久貝は初代ではなく、寛永一〇年の補任」説、三つは「久貝・嶋田・水野」説がある。久貝が初代でないとすれば、初代の東町奉行は水野ということになるが、それについては触れられていない。しかし同辞典の「大坂町奉行」の項目に付けられた「大坂町奉行一覧」では、これを補足するように、初代の東町奉行に水野守信（信古）をあげている。

同じ『国史大辞典』でありながら、なぜにこのようなことになるのか、これまた大きな混乱である。同辞典が典拠としている史料・文献をみると、『大阪市史』『大阪編年史』『柳営補任』『徳川実紀』『続徳川実紀』『寛政重修諸家譜』である。これらを用いて考察しながら、その説に三説も四説も出ているというのは、これらの史料・文献が用いている根本史料に問題があるといえよう。その点はさきに触れた通りである。

『国史大辞典』に対して『大阪市史』と『大阪編年史』はすでに指摘したように、初代を久貝と嶋田であるとしている。そこで用いられている史料は『徳川実紀』『重修譜』はもちろん『元和年録』『累代武鑑』『役人帳』『大坂三郷町中御取立承伝記』など一四点をあげている。史料のなかには初代を水野と嶋田と記すものもある。たとえば『役人帳』や『大坂三郷町中御取立承伝記』などはそうである。異なった事実を記録した史料を用いながら、諸説を並列するのではなく、明快に一説だけを提示していることは重要である。

『国史大辞典』もほぼ同じ史料や文献を用いているが、特に「大坂町奉行一覧」の典拠としているのは『柳営補任』『実紀』『重修譜』である。「初代水野・嶋田」説の典拠はこれらにあり、そこに異説発生に関する記述の問題があるようである。なぜに記録の矛盾が生じたのか、まずその原因を探ってみよう。

水野初代説の根拠

最初に検討しておくべきは『実紀』である。徳川幕府の正史という位置づけからみても必要な作業であろう。

さて『実紀』の元和五年（一六一九）九月一〇日の記録をみると、そこには前出のように、嶋田・久貝・水野三人が大坂町奉行に任命されたことが明確に記されている。しかし、その記録の注記に、三人の任命日付についてはそれぞれ違っていることも付記していた。これは、さきにも触れたように大きな違いではない。ただその典拠が「春日社記、元和年録、寛政重修譜」によると記しているところに、注目したい。このうち「春日社記」は秀忠の春日社参詣に関する記録であるから、直接には関係なく、大坂町奉行の就任記録に関係があるのは『元和年録』と『重修譜』である。このうち『元和年録』は九月一〇日就任の記事の根拠であるから、問題は『重修譜』の水野にかかわる記事であろう。

水野を大坂町奉行とする『実紀』の記述はもう一つある。この九月一〇日の記録よりも二ヵ月も前の七月二二日の記録である。それは松平忠明の大和郡山転封にかかわる記事である。

よて酒井雅楽頭忠世、本多上野介正純、板倉伊賀守勝重、土井大炊頭利勝連署して、大坂町奉行水野河内守守信、代官間宮三郎右衛門光信に令せしは、今度転封の輩、百石に一人一疋づゝ出し、郡山より大坂まで送るべし、従僕は上下とも転封の地まで陪従し、その後主従相はかりて帰国せしむべし、その時主も違乱のふるまいせず、帰しやるべしとなり。

これは忠明の転封に関して、老中（この時点では年寄衆）酒井忠世ら三人から大坂町奉行水野と代官間宮宛に出された、転封のさいの人夫徴用の指示である。郡山で徴用して大坂まで送り、大坂から郡山まで従うことが求められている。

転封に関する老中らの同様の「下知状」は堺政所（堺町奉行）北見（喜多見）五郎左衛門勝忠らにも令せられているが、それはともかくとして、これによると、水野守信は忠明が転封する以前からすでに大坂町奉行であったか、あるいは七月二二日付けで奉行となったことになる。しかしこの記述はすでに前出の九月一〇日の記事の注記と矛盾している。たとえ守信が大坂町奉行になっていたとしても、七月二二日の時点ではまだ正式に就任していなかったのである。

次の問題はこの記事の根拠であるが、これもまた九月一〇日の記事と同じく『重修譜』で、そこでの水野の系譜記録に拠っている。二月七日も七月二二日も、いずれも『重修譜』の記事を基本としている。水野初代説の記述の混乱はどうやら『重修譜』にあるようである。

そこで『重修譜』での久貝・嶋田・水野の記録である。それぞれの記録を確かめておこう。

まず久貝正俊である。これは、さきに掲げたように、正俊の役職は慶長一九年（一六一四）に御使番、元和二年（一六一六）正月一一日に御目付を経て五年に大坂町奉行に任命され、河内国交野郡で千五百石を加増されて三千石の知行を与えられている。寛永二年（一六二五）正月朔日に従五位下因幡守に叙任された。

ここで確かめておきたいのは、『実紀』が元和五年九月一〇日の記事で、「重修譜久貝を正月十五日。水野半左衛門守信を二月七日とすといへども」と注記して、『重修譜』が久貝正俊の奉行就任の日付を「正月十五日」としているが、それは間違いで「九月十日」にしておくとしているのは、『実紀』の編者の思い違いであることである。ここにみるように、正月十五日ではなく「正月十一日」であり、またそれは正俊が御目付に昇進した元和二年正月十一日のことで、元和五年の町奉行就任の日付ではない。おそらくは二年と五年の日付を取り違えていると推測される。

次に嶋田直時である。直時が初代の大坂西町奉行であることについては、久貝や水野に関するような記録の混乱はない。武鑑類も『実紀』もいずれも初代の大坂西町奉行として記している。そのことはさきに掲げた『重修譜』の記事で確認することができる。

この記事からすると、直時は元和二年に鉄砲足軽五〇人の頭となり、五年に大坂町奉行となった。次いで寛永四年には堺奉行を兼任している。さきに『実紀』が大坂町奉行に任命された日付を元和五年二月七日ではなく九月一〇日であると注記したのは、『元寛日記』が五年二月七日の条で「同七日召島田越前守、始テ大坂ノ町奉行被仰付」とあるのを『元和年録』の五年九月一〇日付けの記事「嶋田清左衛門・久貝忠左衛門各大坂町奉行被仰付」で訂正したためであろう。

それでは『重修譜』での水野守信の記事はどうかといえば、これもさきにあげたように、元和三年に御使番、その後長崎奉行次いで大坂町奉行という役職系譜となる。これで見る限りは、明らかに元和五年二月二日に大坂町奉行に任命されたとしている。問題はこれが正しい記録かどうかである。

『干城録』にみる水野守信の系譜

大坂町奉行にかかわる『実紀』の記録の矛盾とその原因は、その編纂の基本史料の一つである『重修譜』にあることが明らかになってきた。そこで次に『重修譜』編纂の基となっている『干城録』の記録を検証してみよう。

『干城録』は、『重修譜』編纂の主旦者である堀田正敦が『重修譜』での禄高一万石以下の諸家の記録の不十分さを補うために、戸田氏栄ほか数名の編集員に命じて、文政一〇年（一八二七）から天保六年（一八三五）までかかって編纂させた旗本のみの家譜である。将軍直属の武士団の系譜記録である（『内閣文庫史籍叢刊』解題）。

これによると、久貝正俊や嶋田直時の系譜については、特に齟齬や誤解を招くような『重修譜』の記述との大差はない。しかし水野守信の場合は、さきにあげた『重修譜』の家譜と、『干城録』に記された家譜の記事に大きな違いがみられる。

慶長十年四月、台徳院殿洛にのぼらせ給ふ時供奉し元和三年御使番となり、寛永三年四月長崎奉行に転し、同五年二月大坂の町奉行に遷り、同六年二月より堺の奉行をかぬ。同九年十二月大目付となり、同十年仰をうけて伊勢国ニ至る。

この記事からすると、守信は元和三年（一六一七）に御使番になった後、寛永三年（一六二六）四月に長崎奉行に転任するまで他の役職には就いていない。大坂町奉行になったと記す年月は寛永五年二月である。堺奉行を兼帯した後寛永九年一二月に大目付へ昇進しているから、たとえ大坂町奉行になっていたとしても、これまた寛永五年二月から同九年一二月までのこととなる。もちろん、後にみるように寛永五年に大坂町奉行に就任したかどうかも確かなことではない。

ともかくこの記録から見る限りは水野守信が大坂町奉行に就いたのは寛永五年のこととなり、元和五年ではない。守信が御使番となった記事は『慶延略記』にもあり、その日付は「元和三年正月十一日」である。堺奉行となった記事も寛永六年の条に「此年水野河内守補堺政所」とある。『実紀』や『重修譜』が大坂町奉行となったと記している時期は、守信が御使番のときであり、元和三年から寛永五年の間に当たる。

『干城録』はもともとは『重修譜』の編纂のために旗本それぞれに書き上げさせた記録で、『重修譜』はそれらを編纂した系譜集である。したがって『干城録』の記述は『重修譜』に掲載される前の記述状態を残しているとみてよい。ここにみられる水野守信の記録から、寛永五年を守信の大坂町奉行任命の日付と考えると、久貝・嶋田との記録とも矛盾がなくなるのである。『実紀』の編纂担当者が『重修譜』の記す「元和五年二月二日」は誤りで、同年の九月一〇日であると訂正しているが、それよりも前に、すでに『重修譜』の編纂担当者が水野守信の子孫が書き上げた記録を要約するときに読み違えていたということである。さきに『実紀』が記した「元和五年二月二日」は明らかに「寛永五年二月」とを取り違えているといえよう。堀田正敦が『重修譜』に不十分なところが多かったと感じさせたのも、このようなところであったと思われる。

以上の検討からでも、水野守信が初代の大坂東町奉行ではないという『大阪市史』の説はさらに正しくなったといえよう。しかし、新たな疑問点も残る。それは水野守信が寛永五年二月に大坂町奉行になったという記述である。これは守信が西町奉行の嶋田直時の急死後、一時期大坂西町奉行が不在となったという事実と関係して、守信が西町奉行を勤めたという伝聞と重なっているとみられる。しかし『柳営補任』などの大坂町奉行一覧にも、後の幕府の公式記録にもその事実は記されていないのである。これもまた、大坂町奉行所創設期の史実の混乱の一つである。

5　幻の大坂町奉行水野守信

堺奉行水野守信

『干城録』によると、守信（信古）は徳川秀忠の代に御使番、家光の代に長崎奉行・大坂町奉行を勤め、寛永六年（一六二九）からは堺奉行も兼帯していたとされている。守信の役職関係の記事を拾うと、大坂町奉行の任命については『干城録』と『重修譜』以外にはこれといった記録はないが、長崎奉行と堺奉行就任の記録は、さきに触れたように幕府の日記類にも書き留められている。

しかし不思議なことに、守信が寛永五年二月に長崎奉行から大坂町奉行に代わったという記録はない。もちろん『実紀』の基礎史料である幕府の日記にも記されていない。ただし大坂町奉行を代わったという記録はある。『元寛日記』の寛永一一年七月の条である。

同月　曽我又左衛門大坂町奉行被仰付、任丹波守、替水野河内守、

これによれば、寛永五年から寛永一一年まで大坂町奉行であったことになるが、『干城録』には寛永九年に大目付に昇任しており、矛盾する。後にみるように、大目付就任の日付が寛永九年一二月一七日であることも、寛永一一年まで大坂町奉行であったとすることを疑問視させる。しかもさきにも触れたように、これは『柳営補任』の大坂町奉行一覧にも載せられていない。

したがって守信の大坂町奉行就任説は東町も西町も危うくなってくるが、確かなこともある。寛永六年二月六日の堺奉行就任である。『元寛日記』には寛永六年二月六日のこととして記されている。

六日　水野河内守守信ヲ召サレ堺ノ政所奉行仰付ラル、嶋田越前守ニ替ル、

この記事は同じ日付で『寛明日記』にも記され、また『実紀』にも記される。ここには守信が嶋田直時と交代したとあるが、これは堺奉行の喜多見勝忠が病気で辞職した後、大坂西町奉行の直時が堺奉行を兼帯していたためである。これは『重修譜』の嶋田直時の家譜にも記されてい

る。また堺奉行の喜多見は『重修譜』によると、元和四年（一六一八）からその任に就いており、同時に摂津・河内・和泉三国の国奉行も兼帯している。死亡したのは寛永四年一二月二六日のことで、その後水野守信が就任するまでは嶋田直時が兼帯していた。このことは『干城録』の記述と読み合わせても事実である。

水野守信は喜多見勝忠の後、直時が兼帯していた堺奉行に就いた。しかしここにも水野守信が寛永五年二月に長崎奉行から大坂町奉行に代わったという記録はない。

大目付水野守信

次に大目付に関する記録を拾ってみよう。大目付は寛永九年（一六三二）一二月に始まった。惣目付を整備した大名や旗本の監督・鑑査の役職で、軍事的な統括の役目があった。守信は柳生但馬守宗矩・秋山修理亮正重とともに、初代の大目付に任命されている。これが『干城録』にも記されている寛永九年一二月のことである。『元寛日記』『寛明日記』にも一二月一七日のこととして記されるが、『慶延略記』には同年一二月七日の条に、

十二月七日大御目付役初ル、
柳生但馬守宗矩
水野河内守守信
秋山修理亮正重

とある。たしかに最初の大目付の一人であった。

ところが『実紀』によると、大目付の任命の日付は一二月一七日である。しかもそこには水野守信が大坂町奉行と堺奉行の兼帯のところから大目付となったと記している。

この日大坂町奉行兼堺奉行水野河内守守信并柳生但馬守宗矩、秋山修理亮正重・井上筑後守正重惣目付に仰付らる、これ今の世に大目付といふもの、濫觴なり、

これによると、大目付は最初惣目付といったようであるが、『元寛日記』などによると、大目付と表記されている。また『江戸時代制度の研究』（松平太郎著、進士慶幹校訂、柏書房、一九七一）で、最初は『慶延略記』に記される柳生・水野・秋山の三人が惣目付に任命され、井上筑後守は寛永一七年四月のことであると記しているが、『実紀』も、またその基の一つである『寛明日記』でも、最初の大目付は秋山修理・水野河内・柳生但馬・井上筑後の四人である。特に『寛明日記』には寛永九年一二月五日付けで、四人の連名による諸大名と旗本に対する法度が出されている。これらのことから考えれば、大目付の正式の発足は一二月七日前後と推測される。

ともかく、水野守信が大目付になったこと、その日付が寛永九年一二月であったこと、また堺奉行からの昇進であったことは、これまであげた史料をつきあわせれば事実である。しかし寛永五年二月の大坂町奉行への就任、堺奉行の兼任とそこからの転任という記述は疑問で、『堺市史』の指摘にもあるように、『重修譜』や『実紀』などの誤りであろう。ただそれらの誤りの原因が『実紀』の記事から生み出されていること、その基礎史料である『重修譜』の記録から出ていることもまた確かである。

「幻」の背景

水野守信が長崎奉行や堺奉行また大目付になったことは確かなことであるが、大坂町奉行への任命・就任は、『干城録』の記録からみると、後の編纂記録の明らかな誤りのようである。守信は初代の東町奉行にも、また直時の急死後の西町奉行にも、またそれらを兼帯することもなかった。長崎奉行や堺奉行の水野守信、また大目付として威勢を振るう河内守守信は存在しても、大坂町奉行水野守信はいなかったのである。後の子孫やそれをもとに記録を編纂した幻の「歴史事実」であった。これまでの検討からすると、まさに幻の大坂町奉行水野守信である。

それにしても、なぜにこのような混乱が生じたのかが問題であるが、これには大坂西町奉行嶋田直時の「頓死」が原因となっているようである。公式の記録によれば、それは寛永五年一〇月七日のこととされている。さきに触れたように、直時は喜多見の急死の後を受けて、堺奉行を兼帯した。これは『堺市史』も考証を加え、寛永四年一二月二六日の喜多見没後の大坂町奉行による兼帯を確認している。その期間は五年五月一〇日から同年一〇月となる。

ところがその直時も急死した。そのために、寛永五年以後は記録のうえでは大坂西町奉行が不在となった。その空白をうめる必要があったのである。そこに守信の出番があったといえるが、それにしても『重修譜』と『干城録』の記録の取り違えは大きい。ただ取り違えたにしても守信が『実紀』にさえも大坂町奉行に就いたと記されていることの影響は、『国史大辞典』のような辞典類にもみられるように、今も続いているといえよう。

二　嶋田直時の頓死と大坂町奉行所の混乱

1　「頓死」の原因と背景

直時の「頓死」

水野守信の大坂町奉行就任がなかったことが明らかとなれば、残る疑問は、『実紀』にも記される寛永一一年（一六三四）七月に水野守信が嶋田直時に代わって大坂町奉行になったとする記録と、その基となった背景である。これには同五年の一〇月の直時の急死にかかわる『元寛日記』の寛永九年一一月の記事が推測を与えてくれる。それは嶋田直時家にまつわる縁談破談とそれに関係した江戸城内刃傷事件である。その詳細は後に検討することとして、まずは『元寛日記』の記事を掲げておく。

此嶋田ハ寛永五年堺ノ政所奉行被仰付、然ニ依病気訴訟シ、蒙御免替水野河内守、其身ハ引之、暫養生シテ有之内ナリ、然ル後豊嶋叙主計、以越中守聞之、則抜脇差突立于腹、近習之者留之、（中略）則招外科見之腸出タリ、漸押込巻腹付薬養生可相叶由申之、（中略）脇差取

隠テ時透ヲ窺、解腹巻息ヲ張ル、則腸出タリ、以手引出シ対ニ死、故ニ病ト称シテ跡式無相違刑部ニ賜、

この記事は嶋田が頓死した背景を追跡調査した記録である。寛永五年の堺奉行就任と、その辞退の原因となった病気が、実は切腹の失敗による負傷であったこと、それが「豊嶋叙主計」とあることから、豊嶋が「主計」を「叙」した、つまり後に見るように、旗本豊嶋明重こと信満が老中の井上主計頭正就を殺害したことを聞いて、直時が脇差しで腹を切ろうとしたこと、結果その傷がもとで養生していたけれども死亡したこと、それを病死と届け出て跡式は息子が相続したことを伝えている。

直時は病死ではなかったことを指摘する記事であるが、これが水野守信の大坂町奉行就任と嶋田直時の頓死の真相を明らかにしてくれる。それは直時の頓死を考証することで確かめることができる。それを検討して、大坂町奉行所草創期のもう一つの史実の混迷とその真相を確かめてみよう。

「頓死」は松茸の食い過ぎ

寛永五年（一六二八）一〇月七日、大坂西町奉行嶋田越前守直時が「頓死」した。同僚の東町奉行久貝因幡守正俊は、細川家や本光国師（金地院崇伝）ら直時の親しい者からの問い合わせに、五日朝に食べた松茸の食い過ぎであったと答えている。いままでいえば食べ過ぎによる食中毒であったとみられる。

徳川幕府の正史である『実紀』はこの事件を、「寛永諸家系図伝」によりながら伝えている。しかもその「頓死」の原因については諸説があり、『江城年録』には自殺であったと記されていると伝え、また豊嶋刑部信満（明重）の江戸城刃傷事件と関係があったとも言われていると伝える。

七日大坂町奉行兼堺政所島田越前守直時頓死し。その子小姓刑部少輔直次家をつぐ。（寛永系図）（江城年録に自殺して子細しれずとあり。一説に豊島刑部少輔信満。井上主計頭正就を刃傷に及びし恨の事に関係せりともいふ。国師日記には。五日の朝松茸たゝりて。七日朝卒せしよし記したるこそ誠なるべけれ）

直時の死があまりにも突然であったことは、たとえば『細川家記』の寛永五年一〇月九日の条に、「越前自殺之事」とあり、直時と昵懇であった細川家の当主が久貝正俊に書状を送り、その真偽を確かめている。その中で「嶋越前事、如此申来候。因幡をよび被申置候へハ、気ちがひ共聞へ候。慥ニ果被申候とも聞へ候」とあって、死因はもちろん死亡したかどうかも不明であったが、見舞状を出そうと思っているうちに死んでしまったとある。その死因も、同一一日の条には焼松茸の食い過ぎであった、「少も気違いニ而ハ無御座候」とも記している。同様の書状の写しは『視聴日録』にも記され、江戸にいた嫡子の嶋田清左衛門弾正へ人を遣わしたいと考えているが、「とかく越前へハ見廻状可遣かと存候」と記している。

直時の死は、親しい者の間でも気が違ったとしか思えないほどかなり唐突な死であった。それも自殺、つまり気が違ったうえでの突然の切腹と伝えられたからであろう。松茸の食い過ぎとともに、江戸城内での豊嶋刑部信満（明重）の刃傷事件とのかかわりもあげられているように、死因がはっきりしなかったこともあって、波紋を投げかけた事件であった。まさに今に続く不可思議な、また歴史的な史実の混乱を招いた事件であるが、ここでは、その原因には二つあったことが示唆されていることを注記しておこう。

直時の好物は松茸であった。親しかった出羽秋田佐竹義宣の家臣梅津政影の日記には、秋になると直時に松茸を贈ったことや、直時が松茸をことのほか好んでいたことを記している（『梅津政影日記』）。また日記をみると、直時が急死した年にもたしかに政影が松茸を贈っている。しかし、これも不可思議なことであるが、政影の日記には、親しかったわりには直時の急死を短く記すのみで、死因やその状況については何も触れていない。原因の松茸を贈ったこともあろうが、その背景の刃傷事件とそれへのかかわりを恐れたこともその一因といえよう。

死亡情報の錯綜

『実紀』や『細川家記』にみられるように、直時の死についての情報は混乱した。死因そのものについても確かな情報は容易に得られなかったようである。死因の記録として「誠なるべけれ」と『実紀』に注記されている『本光国師日記』の著者金地院崇伝は、一〇月一一日の直時の弔いに使いをやり、その使いに久貝正俊への書状を持たせ、死因を確かめている。一二日、その返書を使いの者が持ち帰り、直時の死因が五日の朝に食べた松茸のたたりであったこと、その後七日になって死亡したことを確認した（『本光国師日記』第三九）。

同様の死因を記す『細川家記』も久貝への書状で、焼松茸の食べ過ぎによる「癪」、つまり胃痙攣などの激しい痛みに耐えかねて、自らの脇差で癪を突いたので腸が飛び出し死亡したということを確認している。

同十一日之御書之内、

嶋田越前儀、やき松茸を事外五日之朝多給、積差発、六日之卯刻ニわきさしを積ニつきたて腸事外出、七日之卯刻ニ被相果候、少も気違ニ而ハ無御座由、戸田左門殿より申し来候事、

ここでも、頓死の原因は焼松茸の食い過ぎとなっている。『実紀』でも直時の死因は松茸の「たたり」と表現されていると、一応断定されている。しかし、もう一つの理由として、自殺であるとも記されている。「子細は知れず」ともあるが、その原因に豊嶋刑部による井上主計頭への「刃傷」との関連をあげており、必ずしも明解にされているわけではない。死因についての疑問ははれないのである。

これら以外の史料をみると、急死の日時も異なっている。『実紀』には五年一〇月七日であるが、『元寛日記』では九年一一月の条に記され、『寛明日記』には八年八月一〇日の条に記される。またさきにみた『細川家記』にもみられるように、最初は気が違ったうえでの自殺という情報ももたらされていた。

直時の死が突然であり、また一族の者にとっても惜しまれる死であった。直時の弟で儒学者でもあった霜臺（嶋田）もそれを嘆き、その悲しみを見た友人の林羅山が詩に読んで慰めた。その

詩のなかでは死因は川魚による中毒である。詩は『林羅山先生詩集』に収められている。

寛永五年孟冬上旬、嶋田越州太守罹二河魚之疾一、
俄逝二於難波第一、其訃聞二于東武城一。令弟霜臺君
驚遽之餘哀悼不レ已、（下略）

ここには直時が河魚の疾に罹って難波の屋敷で死亡したとあり、その年次は寛永五年となっている。死因については、それが松茸の食い過ぎであるとするのはさまにならないから河魚としたと考えられるが、これもまた江戸では確かな情報がなかなか入ってこなかったことも示しているようである。

2　西町奉行所の混乱

「頓死」の波紋と与力・同心の四散

情報の錯綜にみられるように、「頓死」の真相は突然であるために死因は確定できにくく、それゆえに混乱していた。死因も自殺と中毒死に分かれ、当時の情報収集ではなかなか確認が難しかったことが示されている。いずれにしろ初代の西町奉行の頓死は、創設されたばかりの大坂町奉行所の業務体制に大きな影響を与えた。与力・同心の四散と、直時の頓死後、二代目の西町奉

行曽我丹波守古祐が任命されるまでの不在である。

大坂町奉行は、近世初期の幕府西国支配の要「八人衆体制」(京都所司代、大坂城代、淀永井尚政、神足永井直清、京都郡代、伏見奉行、五味豊直、大坂町奉行久貝)の一翼であった。その久貝を支える一角が頓死によって七年近くも不十分な状態におかれていた。後にみるように『名なし草』では、大坂町奉行は七年の間、東町奉行の久貝だけで勤めていたと記している。近世初期の大坂で、しかも職務の内容や手順、職務の権限が定まらない時期に、直時頓死の後、久貝正俊一人で大坂の町の統制という重責を遂行していたのか、疑問である。

これは単純な疑問であるが、近世の後の人たちが同様な疑問を抱いたとしても不思議ではない。それゆえに、『実紀』の編集者らも久貝一人では勤まらなかったと考え、また当時の大坂町奉行が常時定員二名であったこともあって、水野守信の子孫が提出した堺奉行水野守信が大坂西町奉行を兼務したという記録に惹かれ、それを記したのであろう。水野の大坂町奉行就任という事実関係については、さきに検討したようにどうやら幻で、しかもその背景に直時の自害が絡んでいたとみてよい。

ともかく直時の頓死以後、寛永一一年(一六三四)に二代目の西町奉行曽我丹波守古祐が着任するまで、与力・同心らは一時離散した。この間、大坂町奉行は東町の久貝因幡守正俊だけであったが、西町奉行は堺町奉行の水野河内守守信(信古)が寛永六年以降一一年の曽我古祐就任まで兼任していたとか、また新規に就任していたとも伝える記録もある。情報の錯乱の結果ともいえる記録であるが、これらについてはすでに『大阪市史』『大阪府史』『新修大阪市史』でも取り上げられ、検討が加えられている。
しかし、さきに見たように、『国史大辞典』でも嶋田直時頓死後の西町奉行については史実の混乱が記されている。そこで、直時の頓死とその後の町奉行所の混乱を伝える近世の記録をいくつか取り上げてみよう。
まず『名なし草』である。これには直時の「自害」と与力・同心の「入牢」を記している。
寛永五戊辰年堺政所奉行兼帯
島田越前守在勤十年、寛永五年故ありて自害す、辰年ゟ同十一甲戌年迄七ヶ年跡役不被　仰出、因幡守壱人ニて勤、越前守与力・同心入牢す、
ここには直時の急死が松茸の中毒死ではなく、「自害」であったことを示唆している。また中毒死や単なる自害であれば、直時個人の責任が問われるだけで、与力・同心には及ばないであろう。しかし、これによると与力・同心も直時の死の責任を問われたようで、「入牢」している。もちろん「入牢」を別に解釈して、牢人（浪人）生活に入ったととれなくもないが、ここはすなおに「入牢す《じゅろう》」と解するべきであろう。
そうであるとすれば、与力・同心は直時の死後にすぐさま離散したのではなく、おそらくは全員が拘束されて取り調べを受け、その後に行き場を失って離散または放逸されたと考えられる。直時の死は、死因の確定は別にしても調査して原因を明らかにしておくべきであると判断された「事件」であった。西町奉行所だけでなく、東西町奉行所をゆるがすような影響をもつ「事件」であった。それゆえの「入牢」と解釈できる記事である。

与力の出自

直時の死後、西町奉行所は奉行が不在となって混乱した。これは与力・同心がもとは鉄砲頭嶋田直時に付属する鉄砲足軽であったことと関係がある。後に、一般的にいわれるような「土着」の与力・同心という表現は、この時点ではありえない。初代の与力・同心は初代の大坂町奉行に付属させられて、「任務」「軍役」のかたちで赴任したのである。

久貝正俊の場合も同様であった。いずれもそれぞれの『重修譜』にみられるところである。たとえば、久貝の与力・同心は、大坂東町奉行として赴任するときに「与力・同心を預けらる」とあり、新たに付属させられたことが記される。

この点は、東町奉行所の与力であった八田五郎左衛門が享和三年（一八〇三）に書き上げた「八田氏由緒書」に明らかである。当時、八田五郎左衛門は東町奉行水野若狭守の与力であったが、その由緒書には、元祖鈴木茂左衛門から先祖八田五郎左衛門を経て、高祖父・曾祖父・祖父・父・私へと続く系譜が記されている（大阪市史史料第三十三輯『大坂町奉行吟味伺書』）。

それによると、まず元祖鈴木茂左衛門が家康の代に三河国の土蔵番として召し抱えられ、それ以来の徳川家臣団の一員であったことが強調され、二代目に当たる先祖八田五郎左衛門が、秀忠の代に久貝忠三郎組の「御徒」として大坂の陣に従ったことから与力への歩みが始まったことが記されている。

一先祖　　　　　　　　　　　　　八田五郎左衛門

台徳院様御代慶長十四酉年年月不知父茂左衛門老衰迄御奉公乞仕候跡、久貝忠三郎組御徒被仰付相勤、大坂両度之御陣御供仕、水野勘八郎組之節、本姓ニ付八田与苗字相改、元和五未年御上洛之御供仕、久貝忠左衛門大坂町奉行始而被仰付候節、与力被仰付相勤、松平隼人正組之節、承応元辰年八月病気ニ付番代奉願、同九月朔日病死仕候、

由緒書には、与力八田氏がもとは家康の直臣であり、その家臣団として戦陣に参加していたことが記されている。その二代目から八田姓に戻り、以後代々五郎左衛門を名乗ったこと、慶長一四年（一六〇九）以後は久貝忠三郎組御徒として大坂の陣を戦い、元和五年（一六一九）の秀忠上洛に従い、京都で久貝忠左衛門が大坂町奉行に任命されたときに与力として赴任したことが明記されている。この経緯は『重修譜』の久貝の記事と一致する。八田は久貝の大坂町奉行任命とともに与力に任命され赴任したのである。

由緒を強調する与力は八田だけでなく、かの大塩平八郎も自らの由緒が元は武田氏の家臣で、その滅亡とともに徳川氏の家臣団に組み込まれたことを強く意識していた。大坂町奉行の与力・同心ともに、最初は他の旗本と同じ徳川氏の直臣団の一員であった。

与力・同心四散の背景

直時の頓死は与力・同心の四散を招いた。その間西町奉行は不在であり、西町奉行所としての機能は停止していた。後の記録である『役人帳』（『大阪編年史』第四巻）には、寛永五年（一六二八）一〇月七日の直時の死と、それから一〇年までの西町奉行の「中絶」を記している。

西町奉行所の与力・同心の四散も、東町の八田にみられるような与力・同心の出自に関係していると考えられる。直時に付属した与力・同心については、『重修譜』にみられるように、足軽五〇人と鉄砲足軽三〇人とがその基盤の一部になっていると考えられ、与力・同心の任命を受けて赴任した。土着する以前であったからこそ、嶋田直時の頓死で四散したといえよう。また入牢して取り調べを受けた背景には、与力・同心を役務として赴任したこと、それゆえにその役務の不十分な対応とみられたことがあったためであろう。

直時は元和五年(一六一九)九月一〇日、久貝とともに初代大坂町奉行に就いた。また家譜でもみたように、家康に仕えて以後、天正一八年(一五九〇)の小田原の役、慶長五年(一六〇〇)の関ヶ原の役に従い、関ヶ原には父重次が預かっていた足軽五〇人を率いて戦った。同七年には鉄砲足軽三〇人を預けられ、大坂冬の陣・夏の陣にも従っている。代々徳川家に仕え、直時も家康直属の家臣団の一人として活躍していた。いわば徳川家の生え抜きの旗本であった。

『名なし草』も記しているように、大坂町奉行になった後、堺政所喜多見若狭守勝忠が寛永四年一二月二六日に病死した跡を承けて、堺政所も兼務していた。それは『実紀』によれば、同年から、『元寛日記』『寛明日記』などによれば寛永五年五月一〇日からである。それから五ヵ月後、突然に死亡した。まさに「頓死」であった。

直時の死後、家督は嫡子の清左衛門直次に受け継がれた。父の「頓死」に関してはなんの咎めもなく、直次はすみやかに遺産相続を行い、寛永五年一二月晦日には刑部少輔に叙任した。たしかに死因が松茸の食い過ぎと中毒であったとすれば、物好きな男が好物におぼれて死んだとみられるぐらいで、不名誉といえば不名誉であるが、とりたてて問題とされることでもない。

しかし自害となれば、それは大きな問題となる。焼松茸による中毒死云々はその事実を隠すための方便ともいえなくもない。注目したいのは自害の原因が豊嶋の刃傷事件と関係しているところである。この点はさきに掲げた『元寛日記』の寛永九年一一月の記事も記すところであった。はたして頓死の原因は松茸の食い過ぎであったのか疑問である。それは『実紀』でも急死の原因を刃傷事件と関係していることに注記しているからである。また『名なし草』にみられるように、頓死ではなく、単なる自害でもなかったことが示唆されている。さらに、死亡の日時もさきにあげた『元寛日記』や『寛明日記』では食い違いをみせている。疑問となるところも多い。そこで、直時の死因を松茸の中毒によると断定するのはひとまずおいて、もう一つの理由としてあげられている刃傷事件とのかかわりを再考してみよう。

三　寛永五年江戸城刃傷事件の顛末

1　刃傷の背景――旗本と譜代大名

寛永の刃傷事件――旗本と老中

旗本と譜代大名の間の遺恨はらし、寛永五年（一六二八）の刃傷事件の原因は直接にはこれである。この事件は寛永五年八月一〇日に、江戸城西の丸で旗本で当時目付であった豊嶋刑部少輔信満（明重）が老中井上主計頭正就を斬り殺した事件である。いずれも幕府行政職に就いていた。その目付が老中を殺害したとなれば、それだけでも大きなできごとであろう。

それが嶋田直時の頓死とどんな関係があるのかといぶかる向きもあろうが、実はこの刃傷事件の原因の一つに直時家と井上正就家の縁談ばなしが絡んでいた。その直接の原因はこの縁談ばなしが潰れたことにあり、潰れた原因が井上側の婚約破棄であり、それを取り持っていたのが豊嶋であったことにある。その豊嶋の刃傷事件であった。直時も父として、無関係な態度はとれなかったと考えられる。それゆえの自害ともとれるのである。

この刃傷事件は縁談を潰された豊嶋の武士の面目、「意地」から出ている側面が強いが、それに加えて、近世初期の幕府行政機構の整備にあたって、行政の主導権をめぐる旗本と譜代大名の確執もあり、その一端が顕れたともいえる事件であった。

寛永期は老中のもと町奉行・勘定奉行・寺社奉行を軸とした民事行政機構と諸大名の統制機構、若年寄を基軸とした番方、いわゆる常備軍の編成と統制機構が旗本を軸に整備されていく時期である。この過程に、大名の一人としての将軍と、諸大名の盟主としての将軍と、その幕府という、いわば将軍の私的な部分と公的な部分をめぐる譜代大名と旗本の確執が醸成されていたといえよう。

旗本は徳川氏の直臣団として、徳川家の家政運営に大きな関心を持っていたことは、いわば当然であろう。将軍も大名の一人であることを思えば、直轄領の安定的維持とそこの百姓からの年貢米・諸役（貢租）の安定的な徴収は、大名の財政の基盤、家政運営の基軸として重要なことである。それにかかわることは、軍事的出動（軍役）とともに、主従関係から家臣として当然の責務であった。

ところが、将軍が単純な一大名ではなく、統一的権力として領主層の盟主でもあったことから、諸大名らとの間にも主従関係があり、それゆえに諸大名の統制も重要な支配行政機構の一環であった。これにかかわった将軍の直臣団が譜代大名であった。諸大名間の争論、領国内の統治状況の監視、統治規制に逸脱したさいの裁判・処罰など、国家的な統制・行政の執行である。この行政分野で、旗本がかかわることができたのは、領主層の盟主としての城下町江戸の統治・管理を職務とする町奉行職と寺社奉行・勘定奉行である。

事件の背景には、いわば一大名としての将軍・徳川家と、全国支配の統括者としての将軍・幕府という私的部分と公的部分にかかわる主導権争い、そこから醸し出される微妙な確執があった。しかも豊嶋はこのとき、大名をはじめ諸行政を監視する目付であった。老中や譜代大名等をかなり厳しい目で見つめていたことは想像に難くない。それらが親友の子供の縁談の破談を契機に、刃傷事件として発現したとみることができよう。旗本の譜代大名への遺恨はらしといわれる遠因でもあろう。

ところで、事件については、豊嶋氏の子孫である豊島美王磨氏が『豊島刑部少輔明重――江戸城刃傷の嚆矢』（昭和三三年、非売品）を刊行され、その経緯・背景を探っている。これも参考にして、事件の真相を探ってみよう。

旗本豊嶋の系譜

そこで、刃傷事件の起因の一端を探るために、当事者である豊嶋刑部少輔明重と井上主計頭正就の系譜を確かめることから始めよう。

豊嶋氏の前掲書や『断家譜』によれば、豊嶋氏は武蔵国・下総国などで勢力を築いた関東武士であった。豊嶋氏が徳川氏家臣団の一員となった契機は、天正一八年（一五九〇）の豊臣氏による小田原北条氏征服以後のことである。このときの当主頼重は、秀吉直属家臣団の一人浅野弾正長政の配下にいたが、戦死している。その嫡子が明重で、家康の関東移封に伴って文禄三年（一五九四）に召し出され、その直臣団に加わった。明重は武蔵国富岡郷（横浜市）で采地一七〇〇石を与えられ、主膳正明重（後には信満とも名乗る）と称したという（『豊島刑部少輔明重』）。

徳川氏の直臣団旗本の系譜をみると、三河以来の直臣団、武田氏家臣の系譜を持つ直臣団、関東移封後の直臣団を主流としているが、豊嶋明重は徳川家康の関東移封後の直臣団に属する。以後は家康の側近として活躍し、大坂の陣には御使番を勤め、元和三年（一六一七）正月には御目付に任じられている。家康・秀忠・家光に仕え、寛永三年（一六二六）一二月に刑部少輔となった。刃傷事件のときも「御目付」役で、五〇歳であった。三河以来の旗本嶋田直時と同じく、徳川家譜代の旗本であり、名門といえる家柄である。

その家柄の旗本が断絶となったのは、まさに井上主計頭正就を殿中で殺害したためである。その責めを問われ、本人はもとより、嫡男の主膳正継重も切腹を命ぜられ断絶となった。主膳正継重の切腹は寛永五年八月一四日（『江城年録』では一一日）で、父の切腹した四日後、年は一二歳（前掲書では一四歳）であった。

目付といえば幕府役職のなかでも、諸大名や旗本の監視・監督をする立場にあり、本来他の武士階層の手本となるべき役職で、殿中で刃傷事件など起こしてはならない役職である。それゆえに、明重親子の厳罰は他の旗本らへのみせしめ的な懲罰の意味合いもあったと考えられる。

井上主計頭の系譜と処分

殺害された井上主計頭正就とは、元和三年（一六一七）から寛永五年（一六二八）八月一〇日、殺害されたその日まで老中（当時は正確には年寄衆）であった人物である。家は父清秀の代から家康に仕え、直属家臣団の一員であった。正就はその三男である。家康には天正七年（一五七九）から仕え、側近の一人であった。このころから豊嶋明重とは知り合いであり、歳も近いところ（正就が二歳年上）から競争関係にあったと考えられる。正就は御納戸頭や小十人歩行頭などを勤め、大坂の陣を戦った（『藩翰譜』第五）。

さらに秀忠に仕え、『重修譜』によれば、元和元年正月二七日には主計頭に叙任して一万石を与えられ、旗本から大名となった。明重とはこのときから幕政へのかかわり方が異なってくる。御小姓組の番頭を勤め、このあと大坂夏の陣にも従った。将軍直属の常備軍であった小姓組を率いる指揮官の一人で、系譜も育ちもこれまた生え抜きの譜代大名衆の一人であった。

その後同三年に老中（前同）に列し、御書院番頭も兼帯している。行政職と常備軍の指揮官を兼帯する幕政の中枢にいた人物である。このときの老中には酒井雅楽頭忠世・土井大炊頭利勝・安藤対馬頭重信・本多上野介正純がいた。同八年には横須賀城を与えられ、五万二千五百石に加増された。まさに近世初期の秀忠側近の重臣であった。

その正就が五二歳の、幕政の頂点にあったとき刃傷事件に遭遇したのである。正就は命を落としたが、『重修譜』によれば、子孫には何の咎めもなく相続を許されている。豊嶋家が明重親子の切腹で家名断絶となったのに対し、井上家はこの後も代々幕閣にあって、老中などの要職に就いており、変わらず幕政を担い続けた。

井上の系譜には、幕政機構初期の行政職と軍事職の未分化の状況が反映している。寛永期に諸大名統制の老中と三奉行（町奉行・勘定奉行・寺社奉行）を中核とした評議機構と、若年寄のもと番方として編成される軍事部門に役割が分割されていくが、老中を勤めながら御書院番頭を兼帯していることは、それが現れていない段階を示している（藤井穣治『江戸幕府老中制の成立』）。

そのことを前提に考えると、両者の事件後の処分の差異は何によっているのかといえば、もちろん切り付けた側と切り付けられた側、加害者と被害者の関係にあるが、それに加えて、家康直属であった豊嶋と秀忠直属の井上という関係、幕政の行政機構の未確立という事態などが浮かび上がってくる。それらから導かれる事件は駿府の家康と江戸の秀忠政権との確執の後遺症とも考えられなくもないのである。

豊嶋は家康死後の秀忠期に、元和三年から目付役に就任している。家康の側近であった立場から、家光期に向かって確立する幕府行政機構の推移をやや批判的にみていたと考えられる。つまり、目付とは外様・譜代に限らず、大名・旗本などの監視役であり、幕府支配への不穏な動きを未然に防ぎ、幕政をスムーズに動かすための重要な役職であった。その意味では徳川氏直属の家臣団である旗本が、まさに将軍の守護を身をもって誇示できる数少ない役職であったともいえよう。後に、寛永七年に大目付が制定され、大名の監視は大目付、旗本の監視は目付が行うという機構が成立し、役職が分離された。それ以前の幕政初期における目付職の重要性が示されているといえよう。刃傷事件はその分離の契機ともなったと考えることもできる。

これに加えて、家光期には幕府行政機構の確立がさらに進む。公的部分の中軸は譜代大名が中心の役職者で占められ、多くの旗本は幕政の中枢からは離されるようになっていく。このような幕政支配機構の役職での対抗、大目付職設置への準備作業期間あるいは家康の大御所政治につらなる家康直臣団と、二代目将軍秀忠の直臣団による本来の将軍政権担当者との間の確執などが絡み合った事件、それが豊嶋の刃傷事件といえそうである。旗本と譜代・親藩大名という立場からの争いと、その一つの帰結としての殿中での刃傷、という見方もできる。いまだ機構的な整備が確立していない初期徳川政権の不安定さの一端を示す事件ともいえよう。

刃傷事件の記録

豊嶋の井上殺害事件は江戸幕府最初の殿中刃傷事件であった。旗本と譜代大名という両者の系譜から、また縁戚や友人および目付と老中という要職の関係から、その記録はかなり多く残っている。もちろん、立場の違いから、表現も解釈の仕方も微妙に違っている。そのいくつかを紹介しておこう。

まず、事件が起こった寛永五年（一六二八）八月一〇日に関しては、同時代的に日記類に書き留められている記録がみられる。その一つが、嶋田直時の友人でもあった佐竹氏の家老梅津政景の日記である。「八十日」（八月一〇日）の記事として記される。

一、御西ノ丸ニ而戸嶋《豊嶋》刑部殿井上主計殿ヲ指殺《ママ》、其身モ御果候由、元春所より兵部少所へ申越候、午ノ刻唯今之事由、就之ニ諸大名衆迄、御登城之由、若殿様ニも御出仕被成候、子細ハ于今知不申由、

ここには、当日の「午ノ刻」、現在の正午前後に刃傷事件が起こったことが記されている。西の丸において、戸嶋（豊嶋）が井上を刺し殺したことと、豊嶋も死亡したこと、そのため諸大名

の登城が命じられたことが記される。この時点では事件の子細は不明であったようである。
同一三日の日付を持つ山内忠義の書状には、場所は同じ西の丸であるが、事件の起きた時刻は「未刻」としている。忠義は土佐高知藩主で、書状は江戸から土佐高知にいた家老山内備後・野中玄蕃に宛てて出されている。殺害の原因は不明で、両者共に死亡したが穿鑿中であると記している。忠義の書状はこの後、一〇月四日に野中・山内および深尾和泉に宛てて、また一〇月九日には野中に宛てて出されている（山内文書）。

また本光国師も日記の八月一六日の条に、刃傷事件のことを建部傳内からの八月一一日付けの書状で知ったことを記しているが、なぜに豊嶋が刃傷に及んだのかは不明としている（『本光国師日記』）。同様に、細川越中守も八月一九日の記事として、細川三斎からの書状を書き留めている。それには事件の発生は「八月十日未之刻」とし、山内忠義のそれと同じ時刻となっている。ただ事件の起こった子細については不明としている。

このように、総じて同時代的に書き留められた記録には、豊嶋が井上を殺害した理由は不明と記されている。これに対して、後に編集された記録には刃傷事件は豊嶋の「宿意」とか「遺恨」によるものとしている。たとえば『視聴日録』には「井上主計頭江豊嶋刑部少輔、内々宿意有之、於殿中午刻、主計頭を刑部少輔刺殺」とあり、『東武実録』には「西の丸に於而、豊嶋刑部少輔遺恨有に依て、井上主計頭正就を刺殺す」とある。『江城年録』も「日頃意恨有之ニより」と記し、『徳川実紀』にも「西城に於て遺恨あるよしいひて」と記し、しかも明重は当日の死亡ではなく、翌日の八月一一日に切腹と記している。

これらによると、事件発生の時刻の違いやその原因の不透明さ、死亡日時の違いがあったことが見て取れる。ただ、後の記録には豊嶋が井上に対して何らかの遺恨を持っていたことが指摘されている。刃傷事件の原因の解明には、その宿意・遺恨が何であったのかを突き止めることが必要となってくる。次にそれを探ってみよう。

2 刃傷の原因

「婚約違変」

豊嶋刑部少輔明重の刃傷事件を伝える記録はいくつかあるが、なぜ刃傷に及んだのかの原因について必ずしも一致した見方があるとはいえない。むしろよくわからないからこそ遺恨とか宿意と表現しているようである。そこで『実紀』『元寛日記』『寛明日記』『名なし草』などから記録を抽出して、その原因を考えてみよう。

まず『実紀』である。これにはすでに触れたように、事件は寛永五年八月一〇日のできごととして記されている。

十日目付豊嶋刑部少輔信満。西城に於て遺恨あるよしいひて。不慮に宿老井上主計頭正就を刺殺す。小十人番士青木久左衛門義精馳来て。刑部少輔信満をいだきとめしが。其身も深手負て営中に死す。

ここにはただ、豊嶋が井上を刺殺し、それを止めに入った青木義精が深手を負って死んだことだけが記されている。青木氏は吉永の代に家康に仕え、そのとき五二〇石を与えられた。事件当時の当事者義精は三〇〇石を与えられていた。このとき義精は三三歳で、子供はまだ妻の胎内にいた。豊嶋家は断絶となったが、青木家は義精の功績で胎内の子供に遺跡を与えられるという異例の措置で、相続が許されている（『実紀』は青木家も子供が四歳で夭折し、断絶と記す）。

また刺殺の原因について、「遺恨あるよしいひて」とあるように、なんらかの恨みがあって、その恨みをはらすために討ち果たしたことがほのめかされている。それがいかなる恨みであるかについて、さらに『実紀』は続けている。

世に伝ふる所は。殿中といひ。老臣たるものをかくふるまひし事なれば。豊島が一族のことごとく罪せらるべしと有しに。酒井讃岐守忠勝一人がへんぜず。小身の武士たるもの。大名に遺恨を果たさんと思ふに。邸宅にても途中にても叶うべき事ならず。旗本の輩遺恨を晴らさんには。殿中こそよき勝負の仕所なれ。遺恨をそのまゝにすてざるも武士道の一なり。いまこれを罪せば武士の意地是より絶て。農商婦女も同じくなるべしと申しけるに。人々皆是に同じて。豊島が家のみたやされて。親族は連座する者なかりしとぞ。又豊島が正就を恨みけるは。婚約違変の事よりといへり。くはしき事はつたわらず。

豊嶋の処分についての記事である。老中のうち酒井忠勝一人だけが豊嶋だけに罪をかぶせることに反対して、小身の旗本が大名に遺恨を晴らす場が殿中にしかないこと、遺恨を晴らすということも武士道の一つであるとの主張を記している。豊嶋の遺恨の晴らし方は違法ではあっても、「忠勝一人がへんぜず」、肯定せず、同意せず、それも武士の意地の発露であると、豊嶋の行動を認めていた。これにはほかの者も同意したとしている。この結果、親族に類は及ばず、当事者である豊嶋の家だけが断絶となったことを記している。ただし、遺恨の内容については、「婚約違変」から発していると指摘しているが、詳しいことは伝わっていないとも記している。

「忠勝一人がへんぜず」とあることも、さきに触れた家康直属の家臣団と秀忠直属の家臣団との幕政の主導権をめぐる権力争いの顕れを示唆している。この時点で、忠勝と正就以外の老中は土井大炊頭利勝・酒井雅楽頭忠世・永井信濃守尚政・内藤伊賀守忠重・稲葉丹後守正勝で、家康直属の家臣であった者たちである。井上正就だけが秀忠の側近で、二代将軍の政権を支えるという気概を持てる一人であった。

いずれにしろ忠勝は刃傷事件の当事者豊嶋をかばい、その行動を肯定していたが、遺恨の内容については触れていない。『実紀』は詳しいことは伝わっていないと言いつつ、遺恨の背景に正就の「婚約違変」をほのめかしている。事件の核心はどうやらこの「婚約違変」にあるようである。

正就の「婚約違変」の背景

豊嶋が井上正就に抱いた遺恨は婚約の破棄にあるという。そのことを具体的に伝える史料は少ない。さきに触れたように、『断家譜』には、豊嶋の切腹は正就への刃傷によるとだけあって、刃傷の原因が何であるかは記されていない。井上正就の家譜でも同様で、死亡原因の詳細は不明である。

もちろん婚約破談の経緯について触れた記録は存在する。さきに掲げた『元寛日記』『寛明日記』『名なし草』である。このうち『元寛日記』と『寛明日記』の記事は『実紀』の史料となっているが、内容は似かよっている。ただ『元寛日記』では、刃傷事件は寛永九年（一六三二）一一月の条に記され、『寛明日記』もまた同じ日付である。なぜにこの日付であるかも疑問であるが、それは後に考えることとしよう。

さて、『元寛日記』には豊嶋が井上を殺害した状況、止めに入った青木義精らの結末を記した後に、その経緯を将軍に上奏し、将軍から「今度豊嶋ヵ意趣何事ゾ」と、刃傷に及んだ理由を尋ねられ、それに答えた内容が記されている。

嶋田越中守弾正ヵ娘、主計頭息河内守時に十四歳方へ縁組事、刑部取持ノ首尾相調、然ル後、鳥居土佐守成次娘縁組シ、其後豊嶋ヲ呼テ云、内々各以才覚縁組相究ル処ニ、以上意賜鳥居ノ娘再三避退ス云トモ、再三上意難黙止、御請スト語、于時井上河内守十四歳也、豊島ヵ云、其子細有言上、争押テ可被仰付、島田ハ小身也、鳥居ハ大名也、故ニ変約非道ト恨テ宿処ニ皈リ、則島田へ以書状右之趣申遣、堪忍難成旨告之、嶋田云、主計頭不義不及是非、各悟可謂不運可被任、其意云々、

これによると、縁談とは嶋田直時の娘と井上正就の息子河内守正利の縁組の話で、その仲人役が豊嶋であった。問題は、縁組がほぼ決まったところへ「上意」があり、破談となったことであ

る。正就は将軍から鳥居土佐守の娘との縁組みを強制されたので、やむなくそれを請けて豊嶋の持ち込んだ縁談を破談にしたという。この「上意」とは、『豊島刑部少輔明重』によると、三代将軍家光の乳母春日局の横やりであったと指摘している。大名と旗本、秀忠の側近と家康の元側近の婚姻に反対し、井上正就はこの横やりに屈し、鳥居氏との縁談に切り替えたのである。

この背景には、春日局が豊嶋明重に対して何らかの、まさに「遺恨」があったのではないかと推測される。井上は秀忠から家光に代替わりして、将軍家光に多大の影響力を持っていた春日局の意向に反対できなかったのであろう。井上の翻意に対して、豊嶋は主計頭が決まっていた縁談を断ったのは、嶋田や豊嶋が小身の旗本であり、鳥居が大名であったために鳥居の娘との縁談を選んだのだと考えた。そうであるとすればまさに「非道」なことで、豊嶋はもはや我慢できない旨を嶋田に書状で伝えた。嶋田もまた主計頭の不義は「是非に及ばす」と、豊嶋の言い分に同意を与えている。

井上河内守とは、後の常陸笠間城主（五万石）となった正利のことで、『断家譜』によると、鳥居成次の娘を正室としている。成次は家康の直臣鳥居元忠の三男で、駿河大納言忠長の家老であった。大名の一族ではあるが、豊嶋がいう大名ではない。しかし井上正就が将来のことを考えて、また老中職として春日局・家光からの意向（上意）を受けて、旗本との縁組よりも大名一族との縁戚関係を重視して、無理に破談に持ち込んだとしても少しも不思議ではない。

つまり婚約を破棄したのは井上正就、それによって武士の面目を潰されたのは旗本豊嶋である。正就は破談の原因を「上意」によるやむを得ない事態としているが、将軍自身が刃傷事件の後でその原因を尋ねているから、「上意」というのは破談のための口実であったようである。このことから、破談の原因が「上意」の名を借りた春日局の妨害であるとする見方はそれなりの説得力を持つといえよう（『豊島刑部少輔明重』）。

直時の婚約破棄

正就の「婚約違変」に対して異なった見方もある。『名なし草』は、嶋田越前守の自害と刃傷事件のかかわりについて、その理由を同じく婚約の破棄にあるとしているが、その婚約は嶋田越前守自身とある旗本の娘との間のことで、それを取り持って進めていたのが嶋田と昵懇の旗本（これが豊嶋明重ということであろう）であった。さきのいきさつとは少し違っているが、婚約の破棄に起因していることは一致している。

嶋田越前守自害とあるに一説あり。此越前守未妻無之、江戸旗本何とか云る人、越前守と格別の入魂にて、其許妻女ハ我等御世話申さんと云て、兼て心掛被居所、風与御旗本の内に、至て容儀も宜敷娘を持る人を聞出し、是幸と其方へ参り、様々折入て相頼ミ入しに、其人平に断を云て聞入さるにより、無詮事と思ひ居ける

縁談はいまだ妻女のいなかった越前守自身、取り持ちは越前守と昵懇の江戸の旗本であった。名前は不明としているが、これが豊嶋刑部信満と考えるとつじつまはあう。その旗本（豊嶋）が相手に選んだのが同じ旗本の娘で、熱心に縁談の世話をしたことが記されている。しかし娘は嶋田との縁談には応じなかった。いくら進めても同意しないので、仕方がないこととあきらめたと

記している。
ところが、この娘がほどなく大身の家に嫁いだ。自分がすすめていたときには取り合わなかったのに、突然に嫁入りしたのである。この大身の家が井上正就であったとすると、これもまたつじつまが合う。その旗本なにがし（豊嶋）はこれに憤り、その娘の親（正就）を殺害して、自らも切腹したと続けて記している。

程なくもある大家へ嫁せし由を聞、大いに憤り、我彼者頼みし時ハ一向に不取敢、外方へ嫁せし事、我を踏付し致方、何共堪忍難成とて、其娘の親を及殺害、自分も切腹せしとあり。若や其事江戸表より申来りて自害ありしか。夫ならは御組与力・同心格別之御咎めはあらし。

『名なし草』の著者は京都町奉行の与力神沢貞幹であったが、彼は仲を取り持っていた旗本の切腹が江戸から知らせられて、縁談を恃んでいた人物の刃傷と切腹に責任を感じて自害したのであろうか、と推測している。もしもそうであるとすれば、咎めは越前守本人だけで配下の与力や同心には及ばないはずであるとしている。与力・同心が「入牢」したとすれば、江戸の旗本なにがしの刃傷事件が嶋田越前守の頓死の原因であることは疑問であるとしている。

確かに嶋田の自害（頓死）が、ある旗本つまり豊嶋の刃傷事件と切腹によるものであるとすると、与力や同心が入牢したという事態は納得のいかない話であるが、これを解く決め手はないのが事実である。ただし、『重修譜』によると、嶋田には嫡子がおり、直時以後も有力な旗本として相続していることからすれば、ここでの嶋田自身の婚約破談は初婚ではなく再婚の話であったか、または側室の話であったともいえよう。そうであれば、そのことを娘が嫌ったと推測される。

しかし、いずれにしろここでも縁談と婚約の破談が刃傷事件の原因であること、相手の娘が大名に嫁したこと、縁談の仲人役が嶋田と昵懇の旗本（おそらくは豊嶋刑部）であるとされていること、切り付けた相手がその親であること、などが確かめられる。記録での旗本や大名の配置・状況は若干異なるが、事件の起こった配置・状況は『元寛日記』『寛明日記』と同じである。

ともかく、ここには酒井雅楽頭のいう小身の武士旗本と大名級の大身の武士との確執という構図が浮かび上がってくる。恨みとは、婚約違変によって爆発の契機を与えられた、譜代・親藩の大名に圧迫され、身分的に見下げられる旗本の武士道、武士の「意地」であろう。

刃傷事件と嶋田の頓死

旗本の面目を潰され、結果刃傷に及んだことの政治的な影響は大きかった。それは前出の酒井雅楽頭ら老中の評議での意見の相違、豊嶋だけに罪をかぶせられないという見方、いろいろの史料にみられる情報の混乱などにみられる。

しかしその最も大きな影響は、江戸を遠く離れた大坂で大坂町奉行嶋田越前守直時が「頓死」したことであろう。もちろん死因には松茸の食い過ぎであるという公式の記録があるが、その急死が親しい人たちには「自害」と受け取られるような背景もあったのである。それが豊嶋刑部によってすすめられていた縁談とその破談であった。

公的には嶋田越前守の死亡は寛永五年一〇月七日、豊嶋刑部の切腹は同年八月一〇日である。直接の関連は考えにくいが、嶋田の急死をすぐに縁談問題・刃傷事件と結び付けて判断させる背景が当時存在していたのである。それは『実紀』や『細川家記』『元寛日記』などにみられる自害・自殺、婚約違変などの記録である。

つまり、『元寛日記』に記されるのは、寛永五年に堺奉行を辞職したのは病気療養のためで、縁組破談にかかわる刃傷事件によるのではないということである。刃傷は直時が療養中の九年一一月にあったことになるが、これは無理がある。しかし死因は自殺に失敗した傷で、病死と届けられたことなど、没年月日を除けば記録は『干城録』『重修譜』の記事と矛盾しない。

この記録では、したがって直時は九年までなお大坂町奉行であった可能性が高いが、これはすこし無理がある。ただ時期は別にして、死亡するまで大坂町奉行であったといえよう。もちろん病気療養中であるから実際の職務はできなかったとしても、である。ここに、可能性として寛永五年一〇月七日とは、直時が病気療養を願い出て許された時と考えられ、実際の没年は九年一一月と推測することもできるといえよう。

このことから、もしも水野守信が大坂町奉行に就任したことがあったとするならば、九年一二月以降に大目付になったと同時に、一一年七月まで在職したということとなる。そうであったとすれば、それは大目付としての旗本衆の監視・監督する一環としてであり、臨時的な在職であったというべきであろう。これもまた、もしそうであるとすると、寛永五年一〇月七日から同一一年七月まで西町奉行は不在ではなかったことになる。

しかし、それにしても守信の大坂町奉行への就任は無理がある。守信の町奉行就任の記録には後世の作為がみえ、また記録編纂時の単純な誤りによるものであるといえよう。

Ⅱ　大坂町奉行と与力・同心異聞

一　大坂町奉行と職務

1　大坂町奉行職の性格

大坂町奉行職の概観

近世大坂の市政の責任者大坂町奉行は、現在で言えば大阪の市長・裁判所長・警察署長の権限を併せ持つ存在であった。さらに支配所としての大坂市中と、支配国としての摂津・河内・和泉・播磨の訴訟・裁判等を管轄していた。しかし、だからといってすべての大坂町奉行就任者がその責務を十全に果たしていたかどうかは別の問題である。

大坂町奉行は、久貝正俊・嶋田直時を東西の初代に、元和五年（一六一九）から慶応三年（一八六七）まで九三人（延べでは九五人）が交代している。これら大坂町奉行になった旗本の知行高と役職歴を調べてみると、表1のようになる。

大坂町奉行就任前の役職（前職）は、東西の区別なく就任順にみていくと、鉄砲頭・目付・長崎奉行仮役・先手・書院番組頭・使番・持頭・寄合・禁裏付・小姓組組頭・堺奉行・大坂船手奉行・駿府町奉行・日光奉行・浦賀奉行・小普請組支配・作事奉行・普請奉行・山田奉行・仙洞

表1　大坂町奉行の知行高と役知高

東町	知行高	役知高	前職	西町	知行高	役知高	前職
	石	石			石	石	
1 久貝正俊	3000.000	5000.000	目付　元和5	1 嶋田直時	3000.000	5000.000	鉄砲頭　元和5
4 松平重綱	1200.000	1300.000	目付　慶安元	3 曽我古祐	2000.000	1000.000	長崎奉行仮役　寛永11
7 石丸定次	1240.000	1000.000	書院番組頭　寛文3	5 曽我近祐	1020.000	1000.000	先手　万治元
9 設楽貞政		1000.000	使番　延宝7	6 彦坂重紹		1000.000	目付　寛文元
11小田切直利		500.000	目付　貞享3	8 嶋田重頼		1000.000	目付　延宝5
14松平忠固		1500俵	目付　元禄5	10藤堂良直		1000.000	目付　天和元
15保田宗易	4000.000	500.000	寄合　元禄9	12能勢頼相	1500.000	500.000	書院番組頭　元禄元
17中山時春		500.000	目付　元禄12	13加藤泰貞	1500.000	500.000	持頭　元禄4
18太田好寛	1760.000	500.000	先手　元禄13	16永見重直	2550.000	500.000	目付　元禄9
21桑山一慶			堺奉行　正徳元	19松野助義			禁裏付　元禄14
23鈴木利雄	1200.000	1000俵	目付　正徳2	20大久保忠形			目付　宝永元
25稲垣種信	2000.000	1000俵	目付　享保14	22北条氏英			小姓組頭　宝永6
27松浦信正			駿府町奉行　元文5	24松平勘敬	3000.000	1000俵	大坂船手　享保9
29小浜隆品			先手　延享3	26佐々成意			先手　元文3
31細井勝為			持頭　宝暦4	28久松定郷			先手　延享元
33岡部元良			目付　宝暦7	30中山時庸			目付　寛延3
35鵜殿長達			目付　宝暦12	32桜井政甫			日光奉行　宝暦5
37室賀正之			目付　明和5	34興津忠通			浦賀奉行　宝暦7
40土屋守直			先手　安永8	36曲淵景衡			目付　明和2
42小田切直年			駿府町奉行　天明3	38神谷清俊			小普請組支配　明和6
44坂部広吉			目付　寛政4	39京極高主			日光奉行　安永4
45山口直清			日光奉行　寛政7	41佐野政親			堺奉行　天明元
47水野忠道			日光奉行　寛政9	43松平貴弘			使番　天明7
49平賀貞愛			作事奉行　文化3	46成瀬正存			堺奉行　寛政9
53彦坂紹芳			目付　文化13	48佐久間信道			目付　享和元
55高井実徳			山田奉行　文政3	50斎藤利道			目付　文化5
57曽根次孝			目付　天保元	51水野忠篤			駿府町奉行　文化10
59戸塚忠栄			目付　天保3	52荒尾成章			普請奉行　文化12
61大久保忠実			目付　天保5	54内藤矩佳			目付　文政3
62跡部良弼			堺奉行　天保7	56新見正路			目付　文政12
64徳山秀起			目付　天保10	58久世広正			堺奉行　天保2
66水野道一			堺奉行　天保13	60矢部定謙			堺奉行　天保3
69柴田泰直			堺奉行　弘化4	63堀　利堅			仙洞付　天保7
72川路聖謨			奈良奉行　嘉永4	65阿部正蔵			普請奉行　天保12
74佐々木顕発			奈良奉行　嘉永5	67久須美祐明			小普請奉行　天保14
77戸田氏栄			勘定奉行次席・西丸留	68永井尚徳			堺奉行　弘化元
			守居　安政4	70中野長胤			目付　弘化4
78一色直温			堺奉行　安政5	71本多安英			目付　嘉永3
79川村修就			西丸留守居　文久元	73石谷穆清			堺奉行　嘉永5
81有馬則篤			書院番頭　文久3	75川村修就			堺奉行　安政元
83堀　利孟			軍艦奉行　元治元	76久須美祐雋			先手火付盗賊改加役
84竹内保徳			勘定奉行　元治元				安政2
85古賀　増			留守居番学問所奉行	80鳥居忠春			外国奉行　文久元
			元治元	82松平信敬			目付　文久3
86松平乗樸			書院番頭　元治元	90平岡　準			歩兵頭　慶応3
87井上義斐			目付　慶応元	91小笠原長功			寄合　慶応3
88中川忠道			新番頭　慶応2	95貝塚典直			長崎奉行支配組頭
89竹内幸彝			目付　慶応2				慶応3
92柴田剛中			外国奉行　慶応3				
93杉本寿太夫			開成所頭取並　慶応3				
94松平信敬			大目付　慶応3				

註）『大阪市史』『寛政重修諸家譜』による。なお、久貝と嶋田は同時なので両者とも1とした。それ故2は欠とした。

付・奈良奉行・先手火付盗賊改加役・勘定奉行次席西丸留守居・西丸留守居・外国奉行・書院番頭・軍艦奉行・勘定奉行・留守居兼学問所奉行・新番頭・歩兵頭・開成所頭取並・大目付・長崎奉行支配組頭の三四職である。

このうち一例しか認められない役職（前職）は、これも就任順にみると、鉄砲頭（元和五年）・長崎奉行仮役（寛永一一年）、禁裏付（元禄一四年）、大坂船手奉行（享保九年）、浦賀奉行（宝暦七年）、小普請組支配（明和六年）、作事奉行（文化三年）、山田奉行（文政三年）、仙洞付（天保七年）、小普請奉行（天保一四年）、先手火付盗賊改加役（安政二年）、勘定奉行次席・西丸留守居（安政四年）、軍艦奉行（元治元年）、勘定奉行（元治元年）、留守居兼学問所奉行（元治元年）、歩兵頭（慶応三年）・開成所頭取並（慶応三年）・大目付（慶応三年）・長崎奉行支配組頭（慶応三年）の一九役職である。

概観すると、元治元年（一八六四）の軍艦奉行から慶応三年（一八六七）の長崎奉行支配組頭までは、東西ともにめまぐるしく交替しており、落ち着いて市政・治安維持・裁許に当たるための配置とは考えられない。就任期間も一ヵ月・二ヵ月、半年、あるいは任命と同時に辞任している場合もあり、幕末期の幕政の混乱を反映している。一例しかみられない前職も文政三年以前では八職であるが、以後は一一職である。それも軍艦奉行や勘定奉行・大目付など、対外的な役職や幕政の要職出身者もみられ、幕府の緊急避難的な対応がみられる。

前職のうち最も多い役職は目付である。三二例を数える。大目付を加えれば三三例である。東西九三人のうち三三人が目付・大目付からの転職であることを考慮すると、その比重は圧倒的であり、大坂町奉行の幕政における役職の位置および意義を確かめる重要な事実であろう。特に享保七年（一七二二）の支配国改変以前では、二三人が交替しているが、一一人が目付からの転職である。元禄一四年（一七〇一）以前でも一九人のうち九人を占め、半分である。

また転職先（後職）をみると、大目付・町奉行・勘定奉行・普請奉行・持頭・作事奉行・旗奉行・免職小普請・長崎奉行・小普請奉行・西丸鎗奉行・清水家家老・西丸小姓組番頭格奥勤・西丸留守居・先手・新番頭・堺奉行・小納戸頭取・田安家家老・免勤仕並寄合・勘定奉行並・免勤仕並寄合の二二職である。これらに、卒（死亡）・辞職・免職（罷免）・免（病免・老免など）が二八例数えられる。

後職で特徴的なことは、明らかに大坂町奉行より上級の役職に就いている事例が多いことであろう。大目付が六人、勘定奉行が一四人（勘定奉行並も含む）、町奉行が八人、長崎奉行が五人で、三三人にのぼっている。特に享保七年以前には、東西二三人が交替しているが、その後職は、死亡・罷免・病免一三人を除くと、いずれも大目付四人、町奉行二人、勘定奉行二人である。

老中と三奉行（勘定奉行・町奉行・寺社奉行）体制による評議機関を基軸にした幕政の運営にかかわる要職への昇任がみられる。町奉行も勘定奉行も旗本の役職としては、最上位の役職である。大坂町奉行の後職でこれら二奉行への昇任が多いことも、大坂町奉行の幕政機構における役職の位置・意義を確かめる契機になると考えられる。

「不時」の職

旗本の役職としては、大坂町奉行はほぼ二千石から三千石の「大身」で名門の旗本が就く上位の役職である。千五百石前後の旗本が任命された場合は、これを補充するために役料六百石が与えられ、地方知行であった。ただし元禄四年（一六九一）以降は役料一六〇〇俵となった。

役職としての特色を役知と役高からうかがうと、本来は軍事的出動の臨時的な役職であった。このことを、文化四年（一八〇七）に西町奉行所与力服部元春が記した『金言抄』（大阪市史編纂所蔵）によって確かめておきたい。『金言抄』は、大坂町奉行の設置から寛政末年（一八〇一）ごろまでに至る大坂町奉行所の役職や職務内容の変遷が詳細に書き留められている。その元は、『公務日記』（大阪市史編纂所蔵、後述参照）の著者でもある郡（軍とも）太夫こと八田定保（五郎左衛門）の書き残した記録であり、それを服部元春が借用して書き写した記録である。

これには「武家諸法度」から始まって「両御組与力古格追々相省候次第手覚書」「五記談」「下吏政要談」「岡見草」「寛永年中久貝因幡守殿与力連名帳・元和五年両町奉行并与力知行郷村帳・先年入御覧候由緒書・御陣中御先代様江之御来状・由比可兵衛由緒書抜」「武備心得方覚書」という順序で、両町奉行や与力の役職の根元と変化が要領よくまとめられている。

この中に設置当初の役高と地方知行を記した「元和五年両町奉行并与力知行郷村帳」がある。これによると、初代の嶋田・久貝の知行および役高、また与力の知行が河内国交野郡三二ヵ村と同讃良郡三ヵ村に配置されていたことと、その経緯が記されている。

知行配置の内訳は、交野郡に一万五四一二石一斗八升、同讃良郡に四八〇石六斗一升八合であった。次頁の表2はその一覧である。それによると、大坂町奉行の知行高は嶋田・久貝ともに三千石、「同心給」として五千石が書き上げられているが、これは与力給のことで、与力の知行二百石とすると二五騎分に当たると注釈されている。これによると大坂町奉行設置当初の与力は三〇騎とされているが、二五騎であったことになる。このことは後に検討しよう。

この知行の渡し方が元和五年八月二六日付けで、伊丹喜之助・松平右衛門佐・佐野主馬から交野郡・讃良郡村々の代官であった小堀遠江守・五味金右衛門宛てに申し渡されている。大坂町奉行はじめ与力の知行が大坂近辺に配置された理由は「不時の御用」であり、西国筋への出動もある軍事的側面の強い役職と位置づけであった。

『金言抄』に収録されている八田五郎左衛門（定保）の由緒書によると、元和五年に二条城で久貝忠左衛門の与力に加えられたが、知行は地方知行、また役職としては軍事的な役職のために久貝から「軍用御用意」として、与力一人に「具足一領」「馬具一通」「金子弐拾両」を与えられたことが記され、「此具足并馬具とも今に所持仕候」と注記している。

初代の東町奉行久貝正俊は千五百石の知行に、与力の役料を含む形で河内国讃良郡内に知行地を与えられ、合わせて三千石を領有していた（『枚方市史』第七巻史料編）。初代の西町奉行嶋田も、その後の曽我丹波守古祐も千石を加増され、「河内国河内郡のうちにをいて三千石を知行」していた。またその後を継いだ息子の丹波守近祐も千石を加増、二千二十石を知行していた。『重修譜』には、万治元年（一六五八）三月一九日に西町奉行となり、「遺跡を継、さきに給ふところの采地ハおさめらる」とあるように、父の河内国河内郡内（日下村他）の知行地を引き継い

表2　与力の地方知行配置

村名	知行高	村高	備考
交野郡			
楠葉村	1810.167		
新家村	151.100		
養父村	281.837		
船橋村	667.327		
招提村	610.978	1187.156	入組(四東久兵衛代官所・嶋田清左衛門知行所、寛永九年迄)
宇山村	156.638	156.638	全村
片鉾村	208.358	208.358	全村
田ノ口村	564.845	564.845	全村
甲斐田村	566.607	566.607	全村
坂　村	525.355		
中宮村	845.000	856.200	入組(木村惣右衛門代官所)
渚　村	1065.300		
禁野村	185.361	545.361	入組(舟越三郎四郎)
郡津村	233.000		
村野村	752.763	1004.670	入組
山野上村	455.000	531.725	入組(永井信濃守・片桐石見守・越知弥三右衛門)
梨子作村	516.000	626.000	入組(永井庄右衛門)
寝屋村	515.027	515.027	全村
燈油村	317.690	317.690	全村
尊延寺村	183.510		
深谷村	305.000		
藤坂村	222.023		
津田村	884.680	1018.880	入組(畠山長門守)
野　村	185.570		
田宮村	150.000	194.360	入組(片桐石見守)
春日村	630.980		
杉　村	45.554	45.554	
森　村	326.000		
寺　村	352.000	432.300	入組(越知弥三右衛門)
私市村	150.000		
倉治村	1047.510	1047.510	全村
私部村	501.000		
小計	15412.180		
讃良郡			
太秦村	224.000		
秦　村	199.100		
国松村	57.517		
小計	480.618		
他	107.000		
合計	16000.000		

註)『金言抄』(大阪市史編纂所蔵)、『河内国正保郷帳写』(枚方市史資料) による。

だ。

久貝のあと松平隼人正重綱と続き、それを継いだ石丸石見守定次も千石を加増され、「河内国志紀・若江・丹北三郡のうちにをいて」すべてで二二四〇石を知行していた（『重修譜』）。これらは『正保郷帳』『元禄郷帳』などの郷帳でも確かめることができる（表1）。

この経過は別にして、大坂町奉行の役職としての性格は「不時」の御用に対応する軍事的な役職、軍務であり、その指揮官であったことにあろう。「五気談」（『金言抄』）には、非常時の西国への出陣、かねての覚悟が町奉行と与力に求められ強調されている。

台命に、万一かれうた船来る時ハ町奉行の内一かたハ御組与力被召連西国筋へ御発行可有之との御沙汰を以、御組の面々江も兼而之覚悟被仰渡有之うへハ何時の御軍役難計、左迄の事今ハ無之、今弓ハ袋に納る御代と者乍申、（下略）

まさに、大坂町奉行と与力・同心の創設は「不時御用」、軍役への備えが直接の動機であった。大坂市中の治安維持や統制は、「弓が袋に納まる御代」になってからの主要な職務となった。ここにみえる「かれうた船」のことは、寛永一一年（一六三四）に幕府が外国船対策に長崎奉行らとともに大坂町奉行を基軸にすえたために、与力の「不時御用」が変化したことを示している。それが軍事出動の一つに位置付けられたとみられるが、それにしても、与力の配置が「不時御用」への対処を第一義的な目的としていたことを示している。軍役のない時代とはなっても、文武の鍛錬は捕り物・裁判に不可欠であることも強調されている。

免職になった大坂町奉行

元和五年（一六一九）の創設以来、大坂町奉行は「不時御用」の軍務であった。近世を通じて、大坂町奉行を一覧すると、職務を不可なく終えた者が多いが、免職となった大坂町奉行も四人いる。これに免職後に他の勤務に就いた者三人（いずれも小普請）を加えると、七人となる。

その罷免の理由を検討していくと、軍務としての大坂町奉行とは違った役職の性格をみることができる。戦時下と平和時の背景の違いが大きいようであるが、これもまた大坂町奉行職の性格の一端でもあったといえよう。次にこの側面から大坂町奉行職の性格を探ってみよう。

免職（罷免）となった最初の人物は、さきの表1にみられる延宝五年（一六七七）に西町奉行となった嶋田越中守重頼である。これは初代嶋田直時の子孫であり、その孫に当たる。『重修譜』によると、同年九月二六日に目付から大坂町奉行への就任を命じられた。以後天和元年（一六八一）六月まで勤めている。

『重修譜』によると、免職の理由は明確ではない。嶋田は「天和元年六月十九日、故ありて職をゆるされ、小普請となり」とある。これ以上は何も記されていない。先役は彦坂壱岐守重紹である。重紹は寛文元年（一六六一）一一月から延宝五年まで勤め、大坂町奉行の勤務期間としては長い方である。この時期の東町奉行は石丸石見守定次であった。石丸も勤務期間は寛文三年から延宝七年までで、彦坂と同じく一七年に及ぶ。両者ともに、大坂市中の問屋、株・仲間の認可による商業統制、三大市場を中核にした市中流通機構の整備など、近世大坂の商業的発展に多大の貢献をしている。

その彦坂が辞職した跡をうけて、嶋田が西町奉行となった。彦坂と同じく目付役からの転職であった。下野国河内郡で千石を加増されている。その嶋田が天和元年六月一九日に罷免された。わずか三年の勤務であった。

これ以後の免職は元禄八年（一六九五）一一月の加藤大和守泰堅（貞）（元禄四年正月より）、元文五年（一七四〇）三月の稲垣淡路守種信（享保一四年二月より）、宝暦七年（一七五七）八月の細井安芸守勝為（宝暦四年正月より）、同年同月の桜井丹後守政甫（宝暦五年七月より）、明和二年（一七六五）一一月の興津能登守忠通（宝暦七年九月より）、文化一〇年（一八一三）一二月の斎藤伯耆守利道（文化五年八月より）である。このうち稲垣と斎藤が嶋田と同じく目付からの大坂町奉行昇任であった。

免職の理由は、職務の怠慢や収賄であった。加藤泰堅の免職はまさにこれであった。加藤が大坂町奉行となった元禄四年は、役料が地方知行から役料千五百俵に切り替えられたときであり、加藤はその直後に最初に就任した大坂町奉行であった。免職の理由は、『実紀』には、一一月一四日の条に職務怠慢・賄賂あるいは独断専行等とあり、処分後に内藤紀伊守弌信に預けられたことが記される。泰堅の系譜にも正直に、『重修譜』にその経緯を記す。

元禄八年十一月十四日、泰堅つねに病に託して職責を怠り、専配下の与力に委ねをき、しかのミならず、配下のものに市人より音物をうくることをゆるすの條、かれといひ、これといひ、曲事の至りなりとて采地を没収さられ、内藤豊前守弌信にめしあつけらる。

ここには病でないにもかかわらず、与力に仕事を任せきりであったこと、また与力・同心などが市中の者から音物（贈り物、付け届け）を受け取ることも見逃していたこと、などを理由に知行も取り上げられ、幽閉されたことが書き上げられている。

この免職には、役料支給方式の切り替えに伴う役職の性格変化が影響しているようである。いわば軍務としての赴任という意識から、行政官僚・事務官僚的な役職への意識変化である。与力任せの職務、音物の見逃しなど、行政官としての管理能力がみられない。これは職務の性格の変化に対応できなかったことの現れとみることができよう。また与力らが市中からの音物を受け取らざるを得なかった背景も、役料が元禄四年から切米支給に変えられたことの影響があったとみられる。

このほか稲垣は、商家乗っ取り事件の当事者から賄賂や音物を受け取り、裁許に不合理・不公平があったのを理由に、采地半減と閉門となっている。また同時に罷免された細井と桜井は、恣意的な新田開発とその年貢の私物化の咎めを受け処断されて、小普請入りと逼塞を命じられた。興津は大坂城の門の出入りをおろそかにしたという職務に関する振る舞いを咎められ、罷免・小普請入りとなっている。

いずれもその理由は賄賂と職務の怠慢であった。いわば大坂町奉行の職務の遂行ができなくなるような事態に陥ったときに免職となっている。軍務としての職務から、その目的が大坂市中の支配・統制と大坂や畿内・西国の他の役職の監視役に移り、実務を担当する与力の監督が主任務となり、それへの対応ができなかった（または都合良く対応した）ことを示しているようである。

その観点からみると、稲垣の免職の原因となった事件は、大坂町奉行が積極的にかかわった事件として、かなり衝撃が大きかった。当時の記録の多さがそれを物語っている。これについては後に詳しく触れることにしよう（Ⅲの一参照）。

目付役大坂町奉行

役職の系譜（職歴）からみると、さきに触れたように「目付」職からの転職が延べ九五人中三二人を数え、比重が極めて高い。最初の大坂東町奉行久貝正俊が目付から移動し、死亡するまで大坂町奉行であったことは、その役職の位置・意義を考えるうえでは象徴的な事例である。しかも『国史大辞典』で初代の東町奉行としてあげられ、さきに誤りであると指摘した水野守信（信古）もまた目付職にあり、その後職も大目付であったが、これもまた大坂町奉行の幕政での役割を考えるうえで象徴的な事例である。

結論的にいえば、大坂町奉行は軍事的な職務であり、しかも畿内西国支配の軍事機構である大坂城代、そのもとにあった定番・加番・大番などの監視役、点検役を果たす役職であったといえよう。もちろん、大坂市中の市政・治安維持・訴訟裁許など民事部門の執務は主任務であったが、それに加えて老中直轄の遠国奉行として、大坂城守衛と西国監視の軍事部門を点検する役目も担っていた。創設時は不時の軍事的な用向きに対応する役職でもあった。

西町奉行の嶋田は鉄砲足軽を率いる鉄砲頭であり、軍事組織の指揮官であったこと、久貝もまた御徒組の頭であり、また与力も八田定保（郡太夫、五郎左衛門）の由緒書に見られるように、その組に配属された御徒（歩兵）であった。西町の与力も鉄砲足軽からの移動であった。その役職から、嶋田はそのまま、久貝は目付になった後大坂町奉行に任命されている（『重修譜』、『干城録』）。

この系譜の相違からとみられるが、嶋田は「八人衆」の構成員に含まれていなかったとみられるのに対し、久貝は京都所司代・大坂城代・永井尚政（淀）・永井直清（神足、後高槻）・五味豊直・伏見奉行・京都郡代・大坂町奉行から成る八人衆の一人として、畿内西国の評議に当たっていた。久貝は京都所司代・大坂城代、永井兄弟、五味等に比べて、大きく目立った動きをしているわけではない。何もしなかった久貝、という評価もある。たしかに何もしていないが、それは目付役の持つ性格からきていると考えたほうがよい。

目付役は、横目ともいわれるように、見ていない振りをしながら、何も感づいていない振りをしながら、まさに密かに横目でうかがいながら様子を探り、執務・行動の監視をすることが職務である。たとえば『江戸時代制度の研究』（松平太郎、校訂進士慶幹、柏書房、昭和四六年）には、目付は「監察」を主務とし、若年寄の「耳目」として「政事の得失を糾察」して、その諸役職の「非禮を弾劾す」ることにあった。

然れどもその関渉するところ、奥向及萬石以上の諸侯に及ばず、或は評定所に出座し、或は萬石以下急養子の判形を検察し、其他非常の検使、殿中の巡察等総て詮議を以て本務とす

他の役職者の職務に違反した行状、万石以下の幕府家臣団の相続を査検し、非常時の検使、殿中の巡察など、いずれも監視行動が主務であった。特に幕政の中枢機構である老中・三奉行（勘定奉行・町奉行・寺社奉行）による評定所に参画・出座したことは、政務・政事の監視役としての

特徴的な勤め方であろう。

前掲書によると、幕府目付役の類職はすでに慶長年間にあったとされるが、常置の役職となった年次は元和二年（一六一六）正月としている。その初代が久貝忠左衛門正俊であった。初代大坂東町奉行である。また翌三年には人員の補充があって、豊嶋主膳信満・朝比奈源右衛門泰勝・石川八左衛門政次が目付となっている。目付の人数はこの後寛永八年（一六三一）に二四人、明暦・寛文期（一六五五―七三）に二〇人以下、元禄一〇年（一六九七）に二〇人以上と一定していなかったが、享保一七年（一七三二）に一〇人の定員となり、以後は一〇人目付として幕末に至る（『徳川実紀』『続徳川実紀』参照）。

いずれにしろ、目付は若年寄のもとで幕政の監視に当たる役職であった。役高は千石、寛永四年（一六二七）一二月には、秋山十右衛門正重と豊嶋刑部信満が修理亮と少輔に補任され、叙爵の始まりとされている（『重修譜』ほか）。豊嶋とは、さきに触れた最初の江戸城内刃傷事件を引き起こした人物であり、西町の嶋田とは同じ旗本として親しい間柄であった。その豊嶋も久貝の後を受けた目付の一人であり、かの刃傷事件が表面上の理由は縁談の破談が理由であったとしても、目付職の旗本と譜代大名らとの幕政における確執を推測させる事件である。

大坂町奉行に目付役出身者の比率が高く、また初代の久貝が目付役からの転任であったことは、役職としての性格を特徴づける要因となっているといえよう。つまり、大坂町奉行職の役割は、畿内・西国の統括・統制の幕政機構の中では、端的にいえば八人衆の中の御目付役であったということができる。特に東町奉行職にはこのことが負わされていたとみられる。そのことは、大坂町奉行の内与力と称される役宅（役所屋敷）の管理や奉行の対外応対役に、家老・用人・取次がいたが、武鑑・御役録にはこれら以外に東町奉行には必ず「大目付」が置かれていることにみられる。西町奉行にはそれがみられない（次項参照）。

大坂東町奉行所与力八田定保（後の五郎左衛門）は、明和五年（一七六八）に与力見習となった。当時は八田郡太夫と名乗り、明和五年一年間の詳細な勤務日記『公務日記』を付けていた。『公務日記』（大阪市史史料第二十三輯『大坂町奉行所与力公務日記』、同第二十六輯『同続』昭和六三年二月・平成元年二月）には、明和五年の西町奉行曲淵甲斐守景衡と東町鵜殿出雲守長逵の家老ほかの名前が書き留められている。それによると、東町奉行の家老は高田兵馬・宮内藤吾、用人加藤角馬・武井満義、取次伊藤清太夫・早川郡司、書翰（役）野村平八、大目付井田文平があげられ、西町奉行の家老は津田源八・上村源太夫、用人菊池太左衛門・村上源右衛門、取次高橋久右衛門・小林伝右衛門があげられているが、西町奉行には大目付は置かれていなかった。

もちろん、この大目付は東町奉行の役宅内のことに限られる役職と考えられるが、それは「八人衆」と呼ばれる構成員に東町奉行が含まれていたこと、東町奉行が八人衆のなかで目付役としての位置にあったことと関係しているとみられる。短絡はできないが、久貝が何もしなかったのではなく、表だった政務に対する監視・検視役であったために、目立って積極的に動く必要がなかっただけであったともいえよう。

2　大坂町奉行の家政

公務と家政

大坂町奉行は江戸から赴任してきた旗本である。知行高からみればほぼ千五百石以上の大身で、家康以来の直臣団の一員という系譜を持つ名門である。さきに触れたように、元禄四年（一六九一）以後は地方知行が廃止されて蔵米取りとなり、役料千五百俵が支給されるようになった。

勤務も月番交替であったから、非番の月はかなり自由な時間もあったと考えられる。しかも土着でもないので、日頃から支配所である大坂市中の細かな情報を得ているわけではないから、実務は長年の経験と慣例を会得している与力・同心が担当していた。与力・同心は、最初は東西それぞれ二五騎と五〇人が配属され、その後三〇騎・五〇人に固定された。元和五年（一六一九）以来の系譜を持つ与力・同心が多く、奉行所の職務に関しては、当然のことながら交替ごとに江戸から赴任してくる奉行本人よりはるかに精通していた。それゆえにこそ、平常の実務は与力・同心が中心となって処理されていたから、奉行は特別重大な事件が勃発しない限り、ある意味ではかなり自由な時間が持てた役職でもあろう。

この点は、『手鑑』『手鑑拾遺』『松平石見守殿御初入ニ付差出候御覚書』『大坂町奉行所旧記』『公用集』『御用覚書』など、新任の奉行が赴任するたびに職務の手順と要領を手早く了解させるために与力が書き上げた記録にみることができるし、また職務に当たっての実務担当者が与力（また同心）であったことを示している。特に天明七年（一七八七）の『松平石見守殿御初入ニ付差出候御覚書』には、表題に「御初入ニ付」とあるように、松平貴弘が赴任してきた際に書き上げたことを記している。書き上げられている項目には、いずれにも大差はない（大阪市史史料第六輯『手鑑・手鑑拾遺』、昭和五七年三月、大阪市史編纂所）。

執務の時間も平常時では二時から三時（四時間から六時間）で、朝五つ時（八時）に出勤すれば昼食を取った後、九つ（正午）から八つ（午後二時）までの間に退出していたようである。四つに出れば七つごろの退勤ということになる。もちろん事件が起これば別であるが、平常時にそのような勤務が可能であったのは、役宅と私宅が同一の敷地内にあったからともいえよう。

公務に関しては、大坂町奉行は与力・同心を管理し実務に当たらせる。与力・同心の整えた調書に従って民事・刑事の裁判と裁許をし、与力・同心を使役して市中商人・職人らの治安・警察機能を執行する。執務場所は東西それぞれの大坂町奉行屋敷である。そこに与力・同心が、天満の与力町・同心町（いずれも北区）から、天神橋と天満橋を渡って通勤してきていた。

この公務に対して、大坂町奉行も旗本であり将軍の直属家臣団であったから、知行高に応じた軍役と奉公を義務としていた。したがって、軍事出動には知行高に応じた家臣を引き連れて戦闘に向かい、平常はそのための家臣団を保持し養う。千五百石の旗本は二百石に五人という軍役の基準からすれば、少なくても三五人の家臣団を保有していることになる。この点は、さきに触れた『金言抄』によれば、地方知行の配置を書き上げた記録に奉行の知行が役料を合わせて三千石あった。家政は、この家臣団と知行所からの年貢米の管理と運営であり、領主として家臣や百姓に対する公的側面と旗本本人とその家族に関する家計の私的側面にかかわる。大坂町奉行の職務に関する役料の管理も公務とともに、その一環を成している。

家老と用人・取次

免職された大坂町奉行は、さきに触れたように、いずれも公務と家政に関する職務の怠慢や賄賂、音物を理由としていた。家政もまた職務の遂行の妨げになるほどの場合は免職の理由となっていた。そのため、大坂町奉行役宅の切り盛りは職務の全うに重要な意味をもっていた。この部分については、基本的には与力・同心がかかわることはないので、大坂町奉行は家政の管理・運営と奉行職の家の対外的な対応、奉行と与力・同心との対応と連絡のために家老・用人・取次を置いていた。これらは大坂町奉行所と直接の主従関係にあった家臣である。

家老・用人・取次には与力・同心を用いる場合もあったが、そのときには改めて奉行任期限りの主従関係を取り結んでいた。これは、与力・同心が、のちに触れるように、大坂町奉行の配下ではあるが直接の家臣ではなく、譜代の主従関係でもなかったことによる。奉行が交替するたびに改めて一代限りの与力・同心としての契約関係を取り交わしていた。

『御役録』『武鑑』類でみると、大坂町奉行として赴任してきた旗本は家老のほか複数以上の用人・取次を伴っていた。大坂町奉行創設当初については不明な者が多いが、延宝三年（一六七五）以降になると、同七年刊行の『難波すゝめ』『難波鶴』など大坂城代・定番・加番の役職、諸大名の蔵屋敷や商人・職人また芸能者・学者あるいは名所など所付を載せた案内記が多く刊行され、それらによっていくらかの概況を得ることができる。大坂町奉行すべてについて確認することはできないが、いくつか事例をあげてみよう。

延宝七年三月刊行の『難波すゝめ』（大阪市史史料第五十三輯『難波雀　浪花袖鑑』所収、平成一一年三月、大阪市史編纂所）には、寛文三年（一六二六）八月から延宝七年五月まで大坂東町奉行を勤めた石丸石見守定次と、延宝五年九月から天和元年（一六八一）六月まで大坂西町奉行であった嶋田越中守重頼の家老が載せられている。用人・取次の名は見えないが、石丸の家老は山田治部右衛門・安藤団右衛門、嶋田の家老は山田平六・吉見彦兵衛があげられている。また同七年七月刊行の『難波鶴』（『大坂町鑑』所収、清文堂出版）には、大坂西町奉行は嶋田のままであるが、東町奉行が石丸の後任者設楽肥前守貞政に交替して、設楽の家老丹羽佐次右衛門・丹沢半太夫があげられている。

享保一三年（一七二八）刊行の『浪花袖鑑』（大阪市史史料第五十三輯所収）によると、正徳二年（一七一二）六月から享保一四年二月まで大坂東町奉行を勤めた鈴木飛騨守利雄は、目付からの就任であった。江戸から赴任してきたとき、家老は長谷川次右衛門・飯野藤太夫、用人は森田新平・水谷兵右衛門、取次は堀儀右衛門・辻武右衛門であった。それぞれ二人、合わせて六人の直属家臣を伴っていた。同じころ享保九年三月から元文三年（一七三八）二月まで大坂西町奉行であった松平日向守勘敬は、家老石原仙右衛門、公用人山田徳兵衛・今中茂右衛門、取次永井郷右衛門・桜井群治の五人であった。

鈴木は知行高千二百石、松平は三千石、役料はそれぞれ千俵であったが、家老・用人・取次の人数は異なっており、知行高とは必ずしも対応していなかった。家政部分については、それぞれの裁量によっていたことを示しているといえよう。これ以後も『御役録』ほかの大坂役職名鑑でみると、ほぼ家老二人、用人二人、取次二人を基本に直属の家臣を伴って赴任している。

さきにあげたように、明和五年（一七六八）の鵜殿出雲守には家老二人・用人二人、取次二人のほか、書簡（翰）役として野村平八と大目付井田文平があげられ、甲斐守の家老二人・用人二人、取次二人が書き上げられている。また出雲守は病弱のため、大坂に赴任することなく、明和五年四月には室賀正之に交替した。五月朔日には室賀の履歴と家族の身上書が出され、六月八日には東町の与力らに室賀の家来が決まったことが知らされた。

その名前書は五月二三日付けで、江戸に出向いて新任の奉行を迎える準備に当たっていた桑原信右衛門から提示された。そこには、家老井出為右衛門・野村弾右衛門、用人高嶋忠右衛門・野村勝守、取次萱谷喜内・早川郡司、書簡役高崎五郎一、大目付蛭川冨右衛門が書き上げられている。また、五月二七日の条には、二六日付けの桑原信右衛門からの廻文で、家政の担当として、頭取萱谷喜内、広間溜役で徒士格の河村兵衛、勝手役徒士格蛭川冨右衛門の役割分担と足軽二人と中間三人の付属が伝えられている。

これらの記事で注目される人物は取次の早川郡司である。早川は先役の奉行鵜殿のもとでも取次を勤めていた。早川郡司は西町奉行所の与力早川氏の系譜につながる。与力・同心の中から任期中だけ主従関係を結び、家政と与力・同心への対応役として配置していた事例とみられる。

家老・用人・取次の職務

与力八田郡太夫の『公務日記』には、ときの大坂東町・西町奉行であった鵜殿出雲守長逵・曲淵甲斐守景衡、および鵜殿の跡役室賀山城守正之の家老・用人・取次を記し、またその職務の一端を記している。これによって、奉行家来らの職務の実態をうかがってみよう。

大坂町奉行の家老・用人・取次らの職務については不明な部分が多いが、『公務日記』には与力・同心と奉行の間を取り持つ用人や取次の動きが記されている。それらの記事をみると、家老と用人・取次の役割分担があり、家老はまさに奉行の家政管理を取り仕切り、用人と取次は与力・同人ら職務にかかわる対応役であったことが窺える。

その顕著な事例は、「御用始」の奉行挨拶にみられる出席者である。御用始は毎年正月一一日にあったが、『公務日記』には一一日の条に、八田郡太夫も五ツ時前（朝八時ごろ）から西町奉行屋敷に出勤したことが記される。

一御用始ニ付五時前ゟ罷出候上、支配・三役・盗賊方・目安方東西共相揃候付、西支配より揃申上、公事場之間敷井ゟ手前段々役順ニ相並候、

支配とは筆頭与力、三役とは宗旨役・地方役・川役である。これに続いて、着席した与力と町方の惣年寄・惣代の席順が明示されている。この年は西町奉行曲淵甲斐守に東西与力二五名と惣年寄・惣代が出席して行われた。そのうえで西町奉行甲斐守の挨拶があり、例年のように惣年寄らへ「丁触書」を読み上げて、その書付けが二通渡された。例触はこの年は西の公用人菊池太左衛門が読み上げている。このあと書付を東西に分けた後、東用人を挟んで東西の支配・三役・盗

賊方・目安方とこの日の当番二人が対面して並び、吸物と酒が出て仕舞いとなっている。

この御用始の席で、奉行側の席に東西の用人（公用人）が座り、東西の与力・同心に対面している。奉行と与力・同心の公的な役務には、奉行の家老ではなくて用人が当たっていたことが知れる。このことは毎日の与力・同心の出勤・退勤、特に公務を終えた退出の記事をみると、御用始のあった一一日には、

一用人中江東ゟ詰番□三役申合相違候上引取候事、

とある。同様の記事は日記に書き漏らした分もあるかと思われるが、ほぼ毎日見受けられる。二月五日・六日・七日の記事にはそれぞれ用人・用人村上源右衛門・用人菊池太左衛門に断りをしたうえで退出したことが書き留められている。

（五日）一東支配・三役申合引取候段用人江達引取候事、
（六日）一用人村上源右衛門江相達候上引取候事、
（七日）一用人菊池太左衛門を以引取候断申上引取候事、

また正月一七日の記事には、仕事の引継には取次にその旨を伝えて引き取っていた。

一御留守御見廻与三郎江取次浦井喜二郎を以申上、引取候事、

浦井喜二郎は取次としては出てこないが、与力・同心にも見出されないので、奉行の屋敷で使われていた者と考えられる。

いずれにしても『公務日記』には、用人・取次と与力・同心がかかわっていた記事は多く見い出されるが、家老の名が与力・同心との奉行所職務の対応場面には、あまり登場していない。多

くは、用人・取次が奉行に代わって一日の業務の最終的な点検役を行っていたと考えられる記事である。奉行の代行として、日常的な与力・同心の職務の監督が用人・取次の職務であった。そのことから、家老の職務は基本的には旗本としての大坂町奉行の家政を切り盛りすることにあったといえよう。

大坂町奉行役宅

これらを前提にして、大坂町奉行所を概観してみよう。『大阪市史』第二には、谷文晁の描く大坂東町奉行所の錦絵が載せられている。これは大坂町奉行であった一色直温の旧蔵する絵図である。一色氏は安政五年（一八五八）九月から文久元年（一八六一）正月まで東町奉行を勤めた。また『大阪市史』付属の絵図集には東町奉行所の屋敷図が翻刻されているが、与力関根一卿の記憶によって復元された図面である。そのため一色直温旧蔵の図面（現在は一橋大学付属図書館蔵）とは、奉行住宅（私的部分）については若干の相違があるとされるが、大きな相違ではなかったとしてそのまま印刷されたとする（『大阪市史』付図、「大阪市史附図目次及説明」）。

すでに触れたように、大坂町奉行所の位置は設置当初からは若干の移動があったが、それはそれとして、ここではこれらによって、役宅の内部を少し覗いてみよう（18頁の図1参照）。大坂町奉行所は、元禄年間（一六八八―一七〇四）には東町が京橋の南に三二二〇坪の敷地を持ち、西町がその西側に二三四五坪と向屋敷一三一九坪の敷地を有していた。東西ともほぼ同じ広さであった。また享保九年（一七二四）三月の「妙知焼」後には、東町は元の場所に復興され、敷地二九六五坪となり、西町は東横堀川本町橋東の塩味春屋（塩味曽蔵）後に再建され、敷地二九〇三坪七合五勺となった（「大阪市史附図目次及説明」）。これ以後、両屋敷とも幕末まで移動することはなかった。

谷文晁の描いた東町奉行所は妙知焼以後に再建された屋敷外観で、南側上空から俯瞰する構図となっている。錦絵と図面とを比較しながら見ていくと、奉行所の表門は東側中央部分にあり、その南側に潜り戸があった。錦絵にはこの表門を出入りする人物が描かれている。表門の東側には、公事・訴訟の当事者らが待機する控えの建物もみえるようである。

門を入ると、左（南側）に門番、右（北側）に供侍の待合所があり、中央には玄関に続く石敷の通路、北西方向に当番所に向かう通路（石敷）、南西方向には役宅（公的部分）と私宅部分を区切る土塀にある門に向かう通路（石敷）が延びる。土塀の南側には、門を入りそのまま進めば私宅部分の玄関があり、その通路の南には台所・納屋・大部屋が空地と内庭を囲んで配置され、その東・南には幅三間ほどの通路を挟んで、奉行家来の住宅が奉行所東側・南側外壁内側に沿って長屋の形で並んでいる。その南側中間に裏門があり、家来衆の出入口となっていたと考えられる。奉行所への出入口は表門と裏門の二ヵ所であった。

役所部分は屋敷の北半分に広がり、表門から玄関を入ると、左手（南側）に取次役の部屋、右手（北側）に「使者ノ間」がある。玄関から北に延びる廊下を行くと、屋敷の北東部分一帯が与力・同心が実務に当たる部屋（今でいえば事務室）が並んでいる。それぞれが地方役所・川方役所・寺社役所・御金方役所・遠国方極印方役所・吟味役役所・盗賊吟味役役所・唐物方役所・目安方証文方役所と呼ばれていた。これらに与力・同心の詰める当番所（公事訴訟の受付）、与力休息所・同心休息所、また与力家来控所などが置かれている。

これら執務部屋の西側に白洲が配置されている。白州への入口が北にあり、白洲を囲んで東西に願方溜・相手方溜、白洲南側正面に両奉行立会が配置されている。城代透き見の間もあり、裁許に当たっての願方・相手方、与力・同心の位置も記されている。

白洲の西側には、西外壁土塀との間に広大な庭園が広がっている。また西側土塀内側には、南側土塀から南北に三間幅で四一間の馬場があった。一間六尺、約一・八メートルで換算すれば、五・四メートルに七三・八メートルとなる。武術稽古場も、三間と七間の広さで南西側部分に置かれている。同様に、五・四メートルに一二・六メートルである。

屋敷の特徴をみると、大きくは、私宅部分を中心にして役所部分と裁許部分、武術訓練場、庭園の区域に分けられる。奉行所という公的な場所でありながら、以外にも私宅部分の方が広く造られていたようである。

二　町与力・同心の編成と職務

1　与力・同心の編成

大坂の諸奉行と与力・同心

与力・同心は武士の少ない大坂の町の地付の武士であった。なかでも大坂町奉行所の与力・同心は最もよく知られている。東西に与力三〇騎・同心五〇人がそれぞれ配属され、大坂町奉行所の実務を担当した。大坂の町民が普段目にする武士は多くが与力・同心であった。安政二年（一八五五）に東町奉行で赴任した久須美祐雋が「惰弱」に染まり、武士の気風を失いかけていると評した与力・同心である（『浪花の風』）。

大坂士着の武士は大坂町奉行所の与力・同心だけではない。玉造口定番と京橋口定番にはそれぞれ与力五〇人と同心一〇〇人、大坂六役（金奉行・蔵奉行・弓奉行・鉄砲奉行・具足奉行・破損奉行）のうち鉄砲奉行には同心五〇人、具足奉行には同心一二人、弓奉行には同心二〇人、および大坂船手奉行にも与力一〇人・同心五〇人が付属していた。また金奉行には八人、蔵奉行には二〇人、破損奉行（材木奉行）には一五人の手代が配属されていた。これらのうち、大坂船手奉行の与力・同心の成立について、その経緯を概観しておこう。

元和六年（一六二〇）、幕府は大坂船手奉行を設置した。それは安治川口・木津川口の廻船の出入りを管理することを職務とした。『官職制度沿革史』（六大坂における諸職）には、その初代に任命された大坂船手奉行小浜光隆に与力六騎と水主五〇人が配属されたと記録している。

大坂船手は、官船を掌り、軍事警備に供し、兼て、商賈の廻船等を検す。元和六年始て置く。頭一人五千石高、職録百人口を給す。与力六騎・水主五十人之に隷す。老中の所管たり。

小浜氏はこの後嘉隆・利隆と続き、寛文五年（一六六五）まで世襲している。知行高は五千石、役料は「職録」（禄）が百人口（百俵）であった。ここにみられる与力は他の奉行の与力と同じであるが、水主五〇人については、字義どおりに解釈すれば船頭・船主である。しかし、その内実は、船の取扱の特別の技能をもっていたとしても、他の奉行の同心と同じ位置づけであったとみられる。延宝七年（一六七九）刊行の『難波すゝめ』や『難波鶴』には、「与力十騎同心五十人ツヽ」と記されている。

これも役務の基本は幕府公用の船を管理し、軍事警備に提供する体制を整えることにあり、商船の監督は、どちらかといえば、その付属業務として位置づけられていた。その点は、初代の船手奉行が世襲として任命されたことにみられるが、寛文五年正月一四日に奉行が二員制に改められたときにも、その二人は将軍直属の常備軍の一つであった大番組頭からの選任であった。またこのときに与力・同心が上乗と水主の意味合いに改められたことから、軍事的側面も残してはいるが、それよりもその職務が諸船の管理・検査に重点を移すことを明記する必要があったことでも確かめられる。

『実紀』寛文五年正月十四日の条には、二人の任命が記される。

正月十四日、大番組頭高林又兵衛直重・大橋与三右衛門親重、ともに大坂船手頭命せられ、四百石づゝ加恩ありて千石になされ、官料千石給ふ。上乗五人・水主五十人預らる。

これは後の編集による幕府の記録であるが、世襲はこのときに廃絶されて二員制となり、それとともに与力・同心を操船と廻船の熟達者として位置づけたことを示している。高林・大橋両氏の『重修譜』の記事も、同様に「上乗五人・水主五十人」となっている。また同年二月四日には、管轄範囲に小豆島と塩飽島が加えられたことでも明らかであろう。

小豆島・塩飽島は後には大坂町奉行の管理下に入るが、小浜氏の代には大坂町奉行との立会による管理であった。それが大坂船手の専権事項となった。商業流通の拡大に伴う廻船の管理に重点が置かれるようになったことを示している。『重修譜』には「代官」を兼ねるとあり、『寛文録』には「御預」とある（『大阪編年史』第六巻）。

町奉行の与力・同心

大坂の諸奉行に付属する与力・同心は最初から大坂地付ではなかった。大坂町奉行の与力三〇騎・同心五〇人の場合は、その系譜に見られるように、新任の奉行に付属させられて新規の知行地とそれに応じた「軍役」の一つとして江戸から移ってきた。

『金言抄』には、元和五年（一六一九）八月二六日に大坂町奉行とともに与力の役知も地方知行として与えられたことが記される。同記録に収録されている「両御組与力古格追々相省候次第手覚書」「五気談」には、その知行が「不時御用」のために与えられていたことが指摘されている。

一両御組与力始而被
　仰付候節、不時御用ニ付西国筋江被遣候儀茂可有之候間、左様之節人夫召連候ため、旁於
　河州知行所被下候之段
台徳院様　上意之趣、越前守殿・因幡守殿被仰渡、

与力の知行は、当初から軍事出動に知行所の人夫を軍夫として徴発・動員する必要があったため、二代将軍秀忠の「上意」で大坂周辺に配置されたと記している。この地方知行の意味は八田の由緒書のほか由比可兵衛の由緒書でも確かめられ、他の与力の由緒書でも、与力に指名された者たちは軍事的な急務のためという受け止め方であったことが記されている。

但、大坂町奉行与力者不時御用ニ付、西国筋江被差遣相働候儀も可有之候故、左様之節者知行所人夫召連候ため大坂近所ニ而知行所被下置候段
秀忠公様　上意之旨因幡守様并御同役嶋田越前守殿被仰渡候事、

大坂両町奉行と与力は「不時御用」であった。そのための地方知行である。奉行だけではなく、与力もまた西国筋への軍事的な出動の際には知行所の百姓を軍夫として徴発する必要があったために、大坂近所に配置替えされたのである。その配置地域が表2（八四頁）に示した河内国

交野郡と讃良郡である。大坂町奉行・与力が軍事的な備えとしての役職であり、そのための即応的な態勢が与力の地方知行であった。

与力は騎馬同心とも称されるが、知行高二〇〇石の家来を常に常備しなければならない侍身分である。出身は旗本常備軍に編成される歩兵・足軽であった。知行高二〇〇石は軍役の基準高であり、最初は地方知行であった。知行高二〇〇石は知行主と馬のほか家臣五人を常備することが報恩・奉公の証であり、それらを従えて戦場に赴くことが責務であった。それゆえにこそ与力は一人ではなく「一騎」と表現されていたのである。大坂町奉行所屋敷に与力家来の控所が設けられていたことも、その「不時御用」という設置系譜から来ている。

それに対し、同心は五〇人と人数で表示され、役料は一〇両三人扶持で最初から切米支給である。与力は江戸から奉行の配下として「出陣」してきたが、同心はそうではなかった。同心は明らかに与力とは違った位置づけである。

同心の雇い方は大坂町人請人による紹介によって編成されていた。『金言抄』にはこの点が、町人請人による代々の「抱入」と記される。

> 但、御組同心之儀者町人請状を以御抱入之もの二而御座候処、相止ミ候年月等支配之手元古来之書留無御座候付不相分候得共、先年天満友古町町人油屋利兵衛与申者両御組同心之請人二相立居候趣ハ兼而及承候もの茂有之

同心はこの方式が一般的であった。それゆえなにも支障なく勤務を終えた者は、その子供がすぐさま新たに抱え入れられた。元和五年の大坂町奉行創設以来、同様の仕方で連綿と続いている

同心の家系もあった。この方式による暇願や新規の抱入も、服部元春が『金言抄』を筆写した時点まで変わりなく維持されていた。

乍併無別状相勤御暇相願候もの者直ニ其忰御抱入被仰付候ニ付、元和年中以来苗字連綿相続仕候者多分有之、右御暇并被仰渡御模様等古来之通相替候儀無御座候、

同心は与力と違って、大坂市中の町人とかかわりのあった武士が大坂町奉行創設時に新たに雇い入れられたことから始まった。その初代が支障なく雇用期間を勤め切れば、その子供が新規に抱え入れられることで、与力と同じように世襲のかたちを取るようになった。

その世襲と同じ抱入の方式について、最初は「御雇」、その後与力と同様に見習での出仕の形式が取られ、それを踏まえて新規抱入（実質は世襲相続）の慣例ができあがっていた。『金言抄』にはその経緯が記されている。

尤忰見習之儀者前々ハ御雇与唱、御無人之時ニ二男三男迄も被召出御雇給被下、其後見習与申唱ニ御改、只今之通御扶持給銀被下、二男三男被召出候儀も次第中絶ニ罷成、近年見習勤之外ニ古格ニ準し御雇勤之者出来仕候様罷成、

また以前は「御用見習」の慣例はなかったが、同心の願によって与力の見習と同じ方式が採用されたことも指摘されている。

且前々ハ御用見習与中儀無御座候処、近年同心共追々相願上、与力同様ニ御用見習之者被仰付候様相成、

同心は町人の請人による「抱入」、子供への受け継ぎと世襲化で、与力に類似した雇用関係を

作り上げた。しかし一〇両三人扶持という給与は創設当初から変わることはなかったが、同心の給与支給のあり方そのものが、町方の奉公人雇用関係に近い状態であったことを表示している。

また、勤務状態は同心が与力の勤務を見本にすることで、古来に比べ勤務状態の改善があった。

　勿論与力与ハ勤方万事之高下御座候儀ニハ候得共、与力之古格相省候ニ見競候得者、同心之格者御会釈万事古来与者追々模様宜敷罷成候事、

奉行屋敷での同心の勤務内容は与力のそれに準じていたから、役職名や勤務分担・勤務順序もほぼ同じであった。また勤務状況の向上が同心自身の努力によっていること、それによって同心の格が古来に比べて良くなってきていることも記されている。

与力三〇騎態勢の成立

両町奉行の与力は三〇騎であるが、それは慶安元年（一六四八）以降の騎数である。騎数は創設当初から三〇騎・二五騎・三五騎などの記録がみられ、一定していない。元和五年（一六一九）正月二六日付けの役高と知行の記録（『金言抄』）によると、二五騎、「両御組与力古格追々相省候次第手覚書」には、最初三〇騎、次に願い出て三五騎になり、西町奉行嶋田直時の死去によって西御組与力は退散、曽我丹波守が西町に就任したとき西御組が二五騎となり、さらに久貝が死去後に西組へ五騎を回して三〇騎ずつになったと記す。

　一両御組与力最初ハ三拾騎宛ニ而、其後依御願拾騎相増三拾五騎宛之処、越前守殿御死去後

西御組与力退散仕、其後丹波守殿被　仰付候節西御組与力弐拾五騎御抱入ニ相成、猶亦因
幡守殿御死去後東御組与力五騎西御組江被加三拾騎宛ニ被仰付候間、

この経緯は騎数は別にして妥当である。これによると、西町与力の場合は通説からみれば当初三〇騎、三五騎、寛永五年（一六二八）に西町奉行嶋田越前守直時の死去（頓死）で、一時浪人・退散、寛永一一年曽我丹波守古祐の西町奉行就任で二五騎で復活、慶安元年に東町の久貝因幡守正俊の死去で東から五騎を移し、三〇騎となった。同様に、東町の場合は三〇騎から三五騎、寛永五年から慶安元年の久貝死去まで三五騎、死去とともに五騎を西町に回し三〇騎となり、以後固定されることになる。

ところが、さきにみたように元和五年八月二六日付けの「元和五年両町御奉行并与力知行郷村帳」によると、地方知行の合計高は一万六千石、その内町奉行の知行高がそれぞれ三千石、その「同心給」として五千石が書き上げられているが、それは与力二五騎分の知行高であった。

高都合壱万六千石
　右之内
三千石　　　　嶋田清左衛門
五千石　　　　同　人　同心給
　此五千石を弐拾五騎ニ割
　　弐百石ニ相当り候、
三千石　　　　久貝忠　三　郎

五千石　　　　同人同心給
前ニ同断

ここには五千石が与力の知行二〇〇石からすると二五騎分であるとしている。通説の騎数よりは五騎少ないが、知行分からすれば相応している。与力の騎数は通説では三〇騎であるが、地方知行の内訳からみれば、大坂町奉行創設当初は二五騎であったことになる。注意したいことは、両町の与力騎数が三〇騎となった時点は慶安元年であり、東西でそれぞれ異なった経緯をたどって固定されていることである。

問題は創設当初の騎数二五騎と、寛永一二年に東西の与力が幕府から借金をしたとき、両組の与力が六五騎であったとする記録である。『金言抄』には、寛永一二年に、困窮者に金子貸与の旨が触れ出されたので、大坂町奉行両組の与力・同心も一〇年の返済期限で与力五〇両、同心五両の貸与を受けたことが記される。

一寛永十二乙亥年大小名衆者勿論、御切米拝領之輩迄困窮之者ニ相応ニ御金可被借下旨被仰出、両組共与力者五拾両、同心者五両宛拾年ニ可致返納由ニ而御金請取候、御証文申請候、因幡守殿与力芦谷源兵衛、曽我丹波守殿与力仁木八郎左衛門罷下り、御証文申請罷登御金拝借仕候事、

このとき借金をした与力の名前が書き上げられ、東町与力の拝借金が「金子合千六百五拾五両与力三拾六人分」と記されている。次頁の表3はその一覧である。このとき東町与力は正規には三五人であったが、証文の写しには三四人の名前が記されている。西の与力の人数と名前は省略

されているが、東三四人のうち一名（大橋右衛門佐）については、記録を書き留めた八田が考証して、一人は「表立不申与力ニ被召加候儀ニも候哉、同人相除候得ハ都合六拾五騎ニ相成申候事」と、いわゆる与力ではないと断定して、寛永一二年の時点で東西の正規の騎数は「都合六拾五騎」であったことを確認している。西町奉行復活の翌年である。

八田の考証のように、東組与力はこの時点で欠員が二名、三三騎であったとすれば一六五〇両で五両少ないが、記載の「千六百五拾五両」にほぼ相当する。これからすると、寛永一二年の時点では西が三〇騎、東が三五騎であったことになる。西町の与力は、通説では寛永一一年に曽我丹波守古祐の西町奉行就任で二五騎で復活、慶安元年に東町の久貝因幡守正俊の死去で東から五

表3　寛永十二年借下金拝借与力一覧

与力名	備　考
細谷善兵衛	当時家筋なし
桑原権右衛門	東組桑原権九郎元祖
加部七郎左衛門	
芦谷源兵衛	
八田四郎左衛門	東組八田五郎左衛門元祖
安井八郎右衛門	
牧　源之丞	東組牧野元左衛門元祖
勝部平太夫	西組勝部弥十郎元祖
加部新左衛門	
大西理兵衛	東組大西駒蔵元祖
牧平左衛門	東組牧野平左衛門元祖
植野角弥	
寺西文左衛門	東組寺西一郎左衛門元祖
工藤次郎右衛門	東組工藤七郎左衛門元祖
山田助左衛門	
不破加右衛門	
田邊源太夫	
小川権之助	
渡邊助之丞	
木村十右衛門	
中村市左衛門	
猪野勝兵衛	
市川甚兵衛	
金井塚与右衛門	東組金井塚左源太元祖
前嶋庄右衛門	東組由比可兵衛元祖
中村甚右衛門	
小川藤兵衛	西組小川甚五右衛門元祖
中村太郎左衛門	
片山一郎兵衛	東組片山数右衛門元祖
大橋右衛門佐	
西田伊兵衛	東組西田八郎右衛門元祖
西田三郎兵衛	
高橋勘兵衛	
渡邊源右衛門	

註）『金言抄』による。

騎を移し三〇騎となったとされているから、寛永一二年に「都合六拾五騎」という記録との不整合が出てくる。

東町の場合は当初三〇騎の通説から考えると、五騎の増加で西町の与力が浪人・退散する以前に三五騎になっていたことになる。嶋田の頓死と与力の四散した寛永五年から一〇年までは久貝が一人勤務であった。寛永一一年に西町が二五騎で復活したとすれば、通説の騎数との不整合が出てくる。寛永一二年の東町の騎数は四〇騎でなければならないからである。少なくともこの経過から考えると、西町が「三五騎」となったことはなく三〇騎が最大騎数のようである。

そこでこれを解釈すると、当初は両町とも二五騎で寛永五年の嶋田頓死まで推移して、久貝の一人勤務の時期に、「願」によって東町だけが二五騎から一〇騎増しで三五騎になったと考えるほうが妥当である。その一〇騎は元西町の与力で、このとき東町に組み入れられたとみたほうが整合性がある。さらにその後、東町の与力が欠員を補充するかたちで、実数は四〇騎まで増員されていたことが推測される。この点は西組の二五騎が浪人したとき、「両御組与力古格追々相省候次第手覚書」(『金言抄』)には「西御組之儀者越前守殿御死去之砌、一旦因幡守殿御壱人之御勤ニ罷成候節一同浪人仕候得共、其頃東御組之明キ江被召出、其侭連綿相続仕候者も有之」と、東組の欠員に補充された者もおり、また元禄以前にはまったく新規に雇い入れられた欠員補充の者もいたから、妥当性があろう。

大坂町奉行の与力三〇騎(東西六〇騎)は定員数であり、欠員や実数はこれに常に一致しているとは限らない。東町の与力は寛永一二年の時点でもすでに二名の欠員が確かめられ、また実数が三〇騎を越える場合もあった。明和五年の『公務日記』には東組三七の役付の与力が数えられる。寛永一二年時点の与力騎数が実数で二五騎と四〇騎であっても不自然なことではない。

これを前提とすれば、寛永一二年の「都合六拾五騎」の意味は、西町の与力が同一一年に二五騎で復活したとき、東町の与力は実数四〇騎であった、そうでなければ、西町与力が二五騎で復活した翌年であることとの整合性がない。そのうえに立って、慶安元年に東から西へ五騎を移動させたとすれば、当時の東西与力騎数は三〇騎と三五騎（実数）となる。東町与力は、さらに慶安元年に欠員を切り捨てる形で両組三〇騎態勢に移行したと考えられる。

したがって、東西の定員が三〇騎として固定され、一般的にそのように表記される普及しはじめた時点は慶安元年であったといえよう。それまではとりあえずは二五騎を基準に、東西とも不定であったとみるほうがよい（この点は別稿「大坂町奉行所与力・同心体制の確立」〈佛教大学文学部紀要九〇号〉で詳論する。参照されたい）。

2　与力の役席と職務の実態

役席と人数

大坂町奉行所の与力は町与力とも呼ばれ、三〇騎が定数であった。同心は五〇人であったが、与力は「三〇人」とは表現されていない。それは幕府軍役の基準では、知行高二〇〇石が馬の保持を義務づけられ、騎乗できる資格であったことによる。

与力の役職は、本役と加役に分かれていた。『大阪市史』(第二)によると、元禄一六年(一七〇三)の『公私要覧』によりながら、両町奉行所で本役が一四役、加役が四役、合わせて一八役であったと記している。本役としてあげられている役職は、同心支配(定員四名)、寺社役(四名)、地方役(四名)、川役(四名)、金役(四名)、石役(四名)、御蔵目付(二名)、小買物役(四名)、御極印役(二名)、御普請役(四名)、塩噌役(二名)、火消役(四名)、闕所役(二名)、牢扶持改(四名)、加役は酒改方(二名)、糸割符方(二名)、盗賊改(二名)、遠国役(二名)である。これに必要な「役人」数は本役四八人、加役八人となっている。合わせて五六人、東西それぞれ二八人が定員であった。

これを基準に役職の変化をみると、表4のようになる。これを東町だけでみると、元禄一六年には本役の数は一四、加役は四であった。それを人数でみると、定数は本役が二四人、加役が四人で、合わせて二八人である。この役職数と定員は、表にみられるように、役職名は若干の変更があるが、享保一三年(一七二八)の『浪花袖鑑』には、本役はそのままに加役のうち酒改役は見られなくなっている。新たに銅方・御鉄砲改・廻米方・流人掛りが設置され、また糸割符は長崎糸割符(表では糸割符と表示)と役名が変えられている。

明和五年(一七六八)の『公務日記』によると、さらに本役数は変化はないが兼帯の役職が増え、加役に為替方・証文方が設置されている。次いで文化期(一八〇四―一八)には、本役数は

表4　与力の本役・加役と変化

本役（定員）	元禄16年	享保13年	明和５年
同心支配（４）	同心支配（４）	同心支配（４）	同心支配（４）
寺社役（４）	寺社役（４）	寺社役（４）	宗旨役（４）
地方役（４）	地方役（４）	地方役（４）	地方役（４）
川　役（４）	川　役（４）	川　役（４）	川　役（４）
金　役（４）	金　役（４）	金　役（４）	金　役（４）
石　役（４）	石　役（４）	石　役（４）	石　役（４）
御蔵目付（２）	御蔵目付（２）	御蔵目付（２）	御蔵目付（２）
小買物役（４）	小買物役（４）	小買物役（２）	小買物役（２）
御極印役（２）	御極印役（２）	御極印役（２）	御極印役（２）
御普請役（４）	御普請役（４）	御普請役（４）	御普請役（４）
塩噌役（２）	塩噌役（２）	塩噌役（２）	塩噌役（２）
火消役（４）	火消役（４）	火事場改（４）	火事場改（４）
闕所役（２）	闕所役（２）	闕所役（４）	闕所役（４）
牢扶持改（４）	牢扶持改（４）	牢扶持改（４）	（加役へ）
			目安役（４）
加　役（定員）	加　役（定員）	加　役（定員）	加　役（定員）
酒改役（２）	酒改役（２）	（宝永６廃止）	
糸割符方（２）	糸割符方（２）	糸割符方（２）	糸割符（２）
盗賊改（２）	盗賊改（２）	盗賊吟味（２）	盗賊吟味（２）
遠国役（２）	遠国役（２）	遠国役（２）	遠国役（２）
		廻米方	廻米方
		銅　方	
		鉄砲改方	鉄砲改方
		流人掛り	流人方
			証文方
			牢扶持方
			為替方

註）『公私要覧』『浪花袖鑑』『御役録』などによる。

一四のままであるが、加役数は明和から文化にかけて四から一七に増えている。定員数も本役は二四人から二八人に増え、加役も四人から三七人に増えている。これは本来の部署に定助役、定仮役を新たに置いたことによる。

しかしこの役職数の増加は役人数が増えたのではなく、役職を兼務するという方法で実現されており、町奉行所は増加する訴訟や裁判、市中での事件に与力個々の職務処理量の過大な負担という手法で対応したことが指摘されている。また実際には、加役は本役を持つ与力が兼ねていた。役人数が増えたからといって本役・加役を増やすのではなく、元禄期以後においても「与力三十騎」、「役席」は二四のままで推移していた（曽根ひろみ「与力・同心論」神戸大学教養部紀要『論集』四〇号)。

これらの役数を与力三〇騎と対照させると、ほぼ七騎分が過剰となる。これに対応して、無役の与力が常にいたことも特徴であろう。また本役人数が二四人であったが、この役席数は大坂町奉行所設置当初の騎数二五騎にほぼ対応することも注意しておきたい。

服装と勤務

与力の職務遂行には、羽織・袴、朱房の十手という姿を想い起こす。とはいっても、それは多くは江戸の北・南町奉行与力・同心の映画・テレビドラマの映像からもたらされている。大坂町奉行の与力・同心の服装については、これまであまり明確な記録がないようであるが、『公務日記』に季節ごとの「年中衣服定」が記されている。これによって、当時の大坂町奉行与力の執務時の服装を確かめておきたい。

この記録によると、年中の公式行事と日常勤務時の区別が付けられていた。季節ごとの変化がみられる。これによると、公式行事は、正月と三月・五月の節句、七月七日の七夕と八朔、九月九日の重陽の節句、歳暮御礼日であった。着用衣服は、それによると、熨斗目麻上下(裃)、服紗(袱紗)小袖、浅黄帷子小袖、白帷子麻上下の着用が義務づけられていた。生地と着用時の彩色、衣服の織り方などが季節ごとに変えられ、決められていた。

これ以外の日常勤務は「例服」で行っていた。これによると、四月朔日から袷、五月朔日から夏袴、五月五日から帷子、九月朔日から袷と裏付袴を着用していた。また足袋の着用期間も指定

表5　与力八田の明和5年勤務概況表　その（1）

勤務日		勤務内訳
正月1～5日		朔日年始御礼　2日在宅　3日在宅　4日西詰　5日昼番（寺西の代番）
正月6日	昼	（本番日）朝番金井塚左源太と交代、夕番居続け（金井塚代番）
7～12		7日明番　8日西詰　9日在宅　10日在宅　11日御用始め　12日西詰
正月13日	泊	（本番日）朝番出勤（明番大西駒蔵と交代）、昼番（金井塚）と交代、夕番出勤
14～19		14日明番勤（居続け）、昼番中島藤内と交代、15日上元の御礼出頭、堺行、16日堺ヨリ帰着、17日西詰、18日御用日詰、西へ出勤、19日在宅
正月20日	昼	（本番日）明番勤　朝番居続け（金井塚代番）、本昼番居続け、夕番金井塚と交代
21～26		21日在宅（風邪）　22日在宅（風邪にて泊余計金井塚へ依頼）　23日在宅、市中打ち壊しニ付西へ全員出勤　24日西出勤（朝四つごろ）　25日西出勤（明六つ）26日西出勤（？）、六つ時交代
正月27日	泊	（本番日）朝番早代わり出勤（駒蔵と交代）
28～3		28日明番　29日西へ出勤　30日西詰　朔日在宅　2日西御用日詰　3日西詰
2月4日	昼	（本番日）朝番工藤次郎右衛門と交代
5～10		5日西御用日詰　6日西詰　7日西御用日詰　8日泊番（杢左衛門相対）　9日明番、朝番居続け（桑原勝之允代番）　10日在宅
2月11日	泊	（本番日）　朝番出勤、明番駒蔵と交代、昼番金井塚と交代引取、夕番出勤（昼番と交代）
12～17		12日明番勤　13日夕番に出勤（昼番八田軍平と交代）　14日明番勤、朝番勤（小泉忠兵衛代番）15日在宅　16日在宅　17日西詰
2月18日	昼	（本番日）明番勤、本昼番工藤と入れ替わりのところ別用につき由比彦之進に相対交代引取、
19～24		19日在宅　20日在宅　21日西御用日詰　22日西詰（八田軍平の代番）　23日明番、朝番（桑原勝之允の代番）、本昼番居続け、夕番（吉田源之允）引継引取　24日在宅、明泊番交代
2月25日	泊	（本番日）西御用日詰（本泊番を片山市允と交代、ただし市允と相対にて磯矢市左衛門出勤）
26～2		26日在宅　27日西御用日詰　28日在宅　29日在宅、ただし市左衛門相対の泊番出勤朔日明番、朝番居続け（田坂源左衛門代番）、昼番寺西宇三郎と交代引取　2日西御用日
3月3日	昼	（本番日）本昼番左源太へ代番依頼、西詰番居続け（市允と相対）
4～9		4日在宅　5日西御用日詰　6日昼番（藤内と相対代番）　7日西詰　8日在宅　9日在宅
3月10日	泊	（本番日）夕番に出勤、昼番左源太と交代
11～16		11日明番　12日在宅　13日公事詰　14日在宅　15日朝番朝岡三左衛門に代番依頼、夕番に出勤　16日明番、昼番迄居続け
3月17日	昼	（本番日）　在宅、2月22日の市允本昼番の返勤
18～23		18日西御用日詰　19日在宅　20日在宅　21日西御用日詰　22日在宅（西詰駒蔵外御用ニ付）　23日在宅（西詰駒蔵外御用ニ付）、昼時分曾根崎新地出火ニ付出勤
3月24日	泊	（本番日）西詰出勤引取後、本泊番出勤
25～朔日		25日明番、朝番居続け（荻野杢左衛門代番）　26日在宅（西詰市允に代番依頼）　27日西御用日詰　28日在宅　29日在宅（西詰市允に代番依頼）　朔日介昼番

註）『大坂東町奉行所与力公務日記』（大阪市史史料第二十三輯・第二十六輯）による。

表5　その（2）

勤務日		勤務内訳
4月2日 3～8	昼	（本番日）在宅（本昼番小左衛門へ代番依頼） 3日朝番　4日明番、朝番（左源太の代番）居続け　5日西御用日詰　6日在宅　7日西御用日詰　8日西詰
4月9日 10～15	泊	（本番日）本泊番 10日明番、朝番（杢左衛門の代番）居続け　11日在宅　12日在宅　13日西御用日詰　14日御役者大倉助右衛門一代能昼出警固出役　15日西詰
4月16日 17～22	昼	（本番日）本昼番 17日朝番勝之允に依頼、昼番七つ過頃出勤　18日朝番（市之允と早替り）後、西御用日詰　19日介昼番　20日西詰　21日朝出能警固出役、　22日在宅
4月23日 24～29	泊	（本番日）在宅、朝番・泊番市左衛門へ代番依頼 24日一代能警固昼出出役（勝允の代番）　25日一代能警固朝出出役　26日西詰（市允と相対）27日西御用日詰　28日西詰　29日在宅
4月晦日 5月朔日～6	昼	（本番日）本昼番 朔日西詰　2日西御用日詰　3日泊番（関根庄蔵の代番）　4日明番、朝番居続け（市允代番）　5日端午の祝いに出勤　6日在宅
5月7日 8～13	泊	（本番日）本泊番 8日明番、朝番居続け（由比彦之進の代番）、介昼番居続け　9日夕番早代わり（昼時分出勤）　10日明番・朝番居続け（左源太の代番）　11日西詰　12日西詰　13日西御用日詰
5月14日 15～20	昼	（本番日）本昼番、泊番居続け（左源太の代番） 15日明番、朝番居続け（朝岡三左衛門の代番）　16日西詰　17日西詰　18日西御用日詰　19日西詰、泊番（吉田源之允の代番）　20日明番、朝番居続け（駒蔵の代番）
5月21日 22～27	泊	（本番日）朝番早代わり出勤（泊番駒蔵と交代）、 22日在宅　23日泊番　24日明番、朝番居続け（忠兵衛と相対代番）　25日西御用日詰　26日在宅　27日西御用日詰
5月28日 29～5	昼	（本番日）本昼番 29日在宅　朔日西詰　2日西御用日詰　3日西詰　4日在宅　5日西御用日詰
6月6日 7～12	泊	（本番日）在宅、本泊番 7日明番　8日在宅（介泊を左源太に依頼）　9日西詰　10日西詰　11日西詰（9日分駒蔵へ返勤）　12日西詰
6月13日 14～18	昼	（本番日）本昼番 14日在宅　15日西詰　16日西へ出勤　17日昼番（藤内の代番）　18日西御用日詰
6月19日 20～26	泊	（本番日）在宅、本泊番荻野杢左衛門泊番日（20日）と入れ替え 20日明番、本泊番にて朝番も居続け　21日虫干方にて東へ出勤　22日西詰（駒蔵の代番）　23日在宅（駒蔵返勤は軍平へ依頼）、泊番出勤　24日明番、朝番居続け（左源太の代番）　25日在宅　26日西詰
6月27日 28～4	昼	（本番日）昼本番市允と交代、西御用日詰出勤 28日在宅　29日在宅　朔日西詰　2日西御用日詰　3日西詰　4日西詰

表5　その（3）

勤務日		勤務内訳
7月5日 6～11	泊	（本番日）本泊番、暁七つ時東へ出勤、新任奉行着任祝儀 6日詰番　7日暁七つ時東へ出勤、正六つ時ころ朝礼　8日役所詰　9日役所詰　10日役所詰11日役所詰
7月12日 13～19	昼	（本番日）本昼番 13日介泊番（朝番は左源太へ代番依頼）　14日明番、朝番居続け（軍平の代番）　15日役所詰16日在宅、泊番出勤（勘左衛門と相対代番）　17日明番、朝番居続け（桑原勝之允の代番）　18日御用日詰　19日朝番
7月20日 21～25	泊	（本番日）本泊番 21日御用日詰　22日在宅（不快ニ付）　23日在宅（不快）　24日役所詰　25日西御用日詰、　泊番小左衛門へ代番依頼、朝番も依頼
7月26日 27～2	昼	（本番日）在宅、本泊番（25日泊番・26日朝番代番依頼、交代につき） 27日明番、朝番居続け（宇三郎相対代番）　28日暁六つ時出勤、誓詞ほか血判差し出し　29日役所詰　晦日役所詰　朔日八朔御礼出勤　2日西御用日詰
8月3日 4～9	泊	（本番日）本泊番 4日明番、朝番・昼番（由比彦之進の代番）・役所詰兼帯居続け、介泊番居続け　5日明番、朝番居続け（関根庄蔵の代番）　6日役所詰　7日西御用日詰　8日介昼番、介泊番に居続け9日明番
8月10日 11～16	昼	（本番日）役所詰出勤、本泊番 11日明番、朝番居続け（田中勇介相対の代番）　12日役所詰　13日御用日詰　14日御評儀日　詰出勤　15日御用日詰　16日介昼番
8月17日 18～23	泊	（本番日）本昼番 18日御用日詰　19日御評儀詰　20日御役所詰　21日御役所詰　22日御役所詰　23日朝の内在　宅、八つ時分泊番（杢左衛門相対代番）出勤
8月24日 25～30	昼	（本番日）明番、朝番居続け、昼番と交代の後詰番、本泊番 25日西御用日詰　26日御役所詰　27日在宅（御役所詰代番依頼）、泊番（庄蔵相対の代番）　28日明番、朝番居続け（市允の代番）　29日西御評儀詰　晦日御役所詰
9月朔日 2～7	泊	（本番日）本昼番 2日御用日詰、介泊番に居続け　3日明番、朝番居続け（阿部喜左衛門の代番）、御役所詰居続け　4日御役所詰　5日御用日出勤　6日昼番（中島藤内相対代番）　7日御用日出勤
9月8日 9～14	昼	（本番日）御役所詰、朝番関根庄蔵に依頼、本泊番につき居続け 9日明番、朝番居続け（田中勇介の代番）　10日御役所詰　11日御役所詰　12日御役所詰　13日御用日詰　14日介泊番（町廻り奥源左衛門の代番）
9月15日 16～21	泊	（本番日）本昼番 16日昼余計番（左源太の代番）　17日牢屋敷（政之丞掛り盗賊吟味ニ付）　18日御役所詰　19日御役所詰、泊番に居続け（藤内と相対の代番）　20日明番、朝番居続け21日御役所詰
9月22日 23～28	昼	（本番日）御役所詰、本泊番に居続け 23日明番、朝番居続け（宇太夫の代番）　24日御役所詰　25日御用日詰　26日御役所詰　27日御用日詰　28日御役所詰
9月29日	泊	（本番日）本昼番

表5　その（4）

勤務日		勤務内訳
10月朔日～6		朔日御役所詰　2日泊番（市允と相対の代番）　3日明番、朝番居続け（小泉忠兵衛の代番）4日昼番（市允と相対の代番）　5日介昼番（兵右衛門の代番）　6日御役所詰
10月7日	昼	（本番日）御用日詰（本泊番は市左衛門と相対交代）
8～13		8日御役所詰　9日西御評儀詰　10日介昼番　11日御役所詰　12日御役所詰　13日牢屋敷、　御役所詰
10月14日	泊	（本番日）本昼番
15～20		15日御役所詰、余計泊番（左源太の代番）　16日昼番（軍平の代番）　17日介泊番（忠兵衛の代番）　18日明番、朝番居続け（藤内代番）　19日西御評儀詰　20日御役所詰
10月21日	昼	（本番日）本泊番（早代わりに出勤）
22～23		22日明番、朝番居続け（朝岡三左衛門の代番）　23日御役所詰
10月24日	泊	（本番日）夕番に出勤
25～4		25日明番、朝番居続け（市允の代番）　26日内用にて御役所詰欠勤　27日御用日詰　28日御役所詰　29日西御評儀詰　30日泊番（喜左衛門と相対の代番）　朔日明番、昼番へ引継2日御用日詰、介泊番　3日明番、朝番居続け（左源太の代番）　4日御役所詰
11月5日	昼	（本番日）御役所詰、本泊番
6～11		6日明番、朝番居続け（朝岡三左衛門の代番）　7日御役所詰、泊番　8日明番、朝番居続け（関根庄蔵の代番）　9日御役所詰　10日御役所詰　11日在宅
11月12日	泊	（本番日）本昼番
13～18		13日御役所詰　14日御役所詰　15日御役所詰　16日昼番（市允と相対の代番）　17日介昼番　（町廻り代介番）　18日御役所詰
11月19日	昼	（本番日）本泊番
20～25		20日明番、朝番居続け（中島藤内の代番）　21日御役所詰　22日昼番　23日御役所詰　24日介泊番　25日明番、朝番居続け（田中勇介の代番）
11月26日	泊	（本番日）本昼番
27～2		27日御用日詰　28日御役所詰兼帯昼番（軍平の代番）　29日御役所詰　30日御役所詰　朔日昼番（関根庄蔵の代番）、御役所詰兼帯　2日西御用日詰
12月3日	昼	（本番日）本泊番
4～9		4日明番、朝番居続け（田中勇介の代番）　5日西御用日詰（市允の代番）　6日御役所詰　7日西御用日詰（軍平の代番）　8日御役所詰、介泊番　9日明番、朝番居続け（駒蔵の代番）
12月10日	泊	（本番日）本昼番
11～18		11日泊番（勝之允の代番）　12日明番、朝番居続け（阿部喜左衛門の代番）　13日御役所詰　14日泊番　15日明番、朝番居続け（荻野杢左衛門の代番）　16日御役所詰
12月17日	昼	（本番日）本泊番
18～23		18日明番、朝番居続け（田中勇介の代番）　19日西詰　20日介昼番　21日介昼、御役所詰兼　帯　22日昼番　23日泊余計（夕番刻限に出勤）
12月24日	泊	（本番日）明番、朝番居続け（朝岡三左衛門の代番）、本昼番に居続け

されており、九月一〇日から翌年の四月朔日までとなっていた。

また勤務は、昼番と夜番（泊番）を軸として二四時間態勢であった。この点は、与力・同心ともに変わりはない。これは大坂町奉行所が大坂市中の治安警察の機関・拠点でもあり、またその発端に軍事的な緊急出動の役職としても位置づけられていたことにもよっている。『公務日記』には、与力が七つの番組に四人ずつ組分けされて、順番に奉行所に詰め昼と夜の勤務を繰り返していた。四人一組で、本役・加役の職務を勤めながらの奉行所詰である。これが基本であった。

東町与力八田郡太夫（定保）の勤務記録を参考にして、確かめてみよう。明和五年（一七六八）一年間の勤務は、平常五〇回の「本番日」を基軸に組み立てられていた。『公務日記』には、「当年中本番日」として、表5に示したように、正月六日の昼勤務から始まって、一二月二四日の泊勤務を最後に、二五回の昼番と泊番が交互に繰り返された。

これに、一月から七月末日までの間に、昼番一〇回と泊番九回の助番が組み込まれていた。表6にみられるように、七日に一回、休みを入れれば八日に一回、つまり月に四回の昼番と泊番の本番日があり、これを繰り返すことで与力・同心の勤務が循環していた。これに火事や事件の発生による緊急の出動があり、また催し物の警備が組み込まれていた。その年の勤務編成と順番は正月始めには決定していた。それに従って、各月ごとに月初めに勤務順を確認しながら勤務がこなされていた。年次の途中には、与力間の都合で変更されることもあったが、基本的には正月の時点で決められていた勤務順で消化された。明和五年の場合も同様であった。

郡太夫は三番組に属し、目安方・証文方助役朝岡三左衛門、牧野郷左衛門、御石役・目安役・

表6　与力の勤務番組

一番	吉田　兵右衛門	御金役	加役糸割符
	桑原　勝之丞	御金役	
	田坂　源右衛門	御塩噌役	
	工藤　小左衛門	御塩噌役	
二番	大西　駒蔵	目安役	加役証文方
	助所		
	工藤次郎右衛門	御普請役	
	大塩政之丞	御普請役	
三番	八田郡太夫		目安方・証文方助役
	朝岡　三左衛門		目安方・証文方助役
	牧野　郷左衛門	御石役目安役	加役流人方・証文方
	金井塚左　源太	御石役目安役	加役流人方・証文方
四番	荻野　杢左衛門		
	由比彦之進		
	寺西宇太夫	御普請役	
	田中　勇助		
五番	阿部　喜左衛門	小買物役	
	荻野　勘左衛門		
	八田　軍平	目安役	加役証文方
	黒崎　藤弥	目安役	加役証文方
六番	小泉忠兵衛	御金役	加役糸割符・鉄炮改
	由比　浅右衛門	御金役	加役糸割符・鉄炮改
	関根　庄三		
	吉田源之丞		
七番	中嶋　藤内	火事場改役	加役牢扶持方
	磯矢　市左衛門	火事場改役	加役牢扶持方
	片山　市允	闕所役・目安役	加役証文方
	寺西宇三郎	闕所役・目安役	加役証文方
助番外	御金役両人		
	目安役四人		
番外	八田五郎左衛門	同心支配	加役遠国方・極印方・為御替方・廻米方
	工藤七郎左衛門	宗旨役	勘定方
	浅羽久米右衛門	宗旨役	
	桑原　信右衛門	川役	
	瀬田　八左衛門	川役	
	磯矢　与一兵衛	地方役	
	牧野　平左衛門	地方役	
	西田　左衛門	盗賊吟味役・御石役	加役証文方
	丹羽孫兵衛	御蔵目付	

註）『公務日記』による

流人方・証文方加役であった金井塚左源太とともに番組を構成していた。その勤務概況は表6にみられる通りである。昼番から始まれば八日目に泊番となり、これを繰り返す。したがって勤務は昼番・夕番・泊番・明番・朝番の順序となる。これらの勤務時間は昼番三時（六時間）、明番・朝番三時、夕番三時、泊番三時の区分が標準であったとみられる。

郡太夫の非常時の出勤事例は、明和五年正月二三日に発生した打ち壊しにみられる。騒動は家質奥印差配所の設置に対する町人・借家人の反発から起こった。差配所は、借家・質入など契約の際に契約関係者双方からそれぞれ家賃の一パーセントを手数料あるいは保証経費として上納させる制度である。出願者らは奉行所から設置の認可を得るために、上納させた手数料の一部を冥加金として納付することを条件としていた。

明和四年暮れに出願された家質奥印差配所の設置は、大坂町方の町民の激しい抵抗と大坂で初めての打ち壊しを引き起こした。明和五年正月二三日のこの日、郡太夫は非番で在宅していた。そこに八田軍平が町人らが方々で暴れ、多くを召し捕ったこと、そのため西町奉行所への出勤の指示があったことを伝えに来た。

一軍平罷越候而申聞候者、先刻ゟ諸方丁人家あふれ者打損し候ニ付召捕之者多有之、届ニ而西ゟ中間中不残西江罷出候様甲斐守殿御意之趣当番ゟ月番故軍平江申来候、押付廻状可来候得共、早々出勤候様申ニ付、直様例服ニ而西江向罷出候事、

西町奉行曲淵甲斐守の中間が月番の軍平に「あふれ者」（暴れ者）の召し捕りを伝え、西への甲斐守の出勤要請の指示を伝えた。それを受けて郡太夫もすぐさま西へ出勤した。このとき最初

に打ち壊された町家は白髪町苫屋久兵衛の店で、苫屋は幕府年貢米の江戸廻米を差配する廻船差配人であった。郡太夫は西役所へ出勤と同時に苫屋宅へ向かい、打ち壊しの現場を苫屋の手代の案内で検証している（詳細は『公務日記』および『新修大阪市史』第四巻参照）。

与力・同心らは緊急の出動と、火事などの災害、祭礼・興行・催し物の雑踏警備などの臨時出勤もあった。明和五年の三月二六日には役者大倉助右衛門の「一代能」が始まり、その警固に出勤する順番が決められている。能は四月一四日まで催されたが、郡太夫は二日目と六日目の警固が当たっていた。

3 町与力・同心の土着化への系譜

「不時御用」への対応

大坂の地付（土着）の武士といえば、与力・同心である。もちろん奉行所だけでなく、定番ほか大坂城守衛役職や大坂船手奉行などにも配属されていた。いずれも大坂地付の与力・同心である。しかし最初から大坂に土着していたわけではない。土着化した背景を探ってみよう。

与力の土着化の要因の一つは、軍役とそれに従った出動形態であったことにあろう。軍役は主従関係に対応した知行賦与と、それに対する家臣の忠実な奉公の証である。与力・同心の主人は直接ではないにしろ、知行を与えている将軍である。その証拠に、与力・同心はともに旗本である大坂町奉行の直属の家臣ではなかった。奉行は軍務出動時の隊長（頭）であって、主人（主君）ではない。大坂町奉行としての赴任に、将軍からの命令で付属させられたのである。

このことは、『公務日記』に大坂町奉行を「頭」と記していることで確かめられる。たとえば明和五年（一七六八）八月三日の条には、

一御頭御儀西江御評議詰ニ五ツ半ゟ御出ニ候事、

とある。これは東町奉行室賀山城守正之が西町奉行所に評議のために、「五ツ半」、現在でいえば九時ごろに出向いたときの記録である。「御頭」とは与力・同心からみた大坂町奉行である。

この呼称は、旗本を中心にした常備軍大番組や小姓組、新番組などの統率役職（長官）を「大番組頭」などと称していることと同様である。頭は交替するが、大番組の組織は継続される。同様に、大坂町奉行と与力・同心も大坂市中と畿内・西国の治安維持・訴訟裁判を管轄する組織・機構であったから、奉行個人は交替するが、与力・同心は役宅である大坂町奉行所（屋敷、場所）に配置されて待機し、新任の奉行を迎えるという職務継続の方式であった。

ここに、与力（また同心）は大坂町奉行に付属するのではなく、将軍・老中の地域（三郷と畿内・西国）支配の拠点である大坂町奉行所に付属し配属されたとみなければならない根拠がある。つまり大坂町奉行の組与力とはいえても、大坂町奉行与力とはいえないのである。たとえば久貝正俊与力ではなく、久貝正俊組与力と表現される。その意味で、与力・同心は大坂町奉行所与力・同心と称する方がより正確である。

もう一つの要因は大坂諸役職の与力・同心がそれぞれの奉行の直臣ではなかったこと、元禄四年（一六九一）に至るまで、奉行と同じように地方知行であったが、それが現米支給に切り替えられたことにある。特に重要なことは、旗本である奉行の家臣団ではなかったことであり、奉行役屋敷（役宅）を守る常駐の実務集団（警備集団）として配置されていたことである。

それゆえに、奉行は不定期的な勤務期間が終われば、役職を離れ自らの家臣を引き連れて江戸に帰るが、与力・同心は留守となった役宅の保全と関連地域の警護のために待機する。これが繰り返されることによって、与力・同心の世襲的な職務の引継ができあがっていく。この状況は大坂町奉行の与力・同心だけではなく、定番・加番および大坂六役と大坂船手奉行の与力・同心も同様であったといえよう。

大坂船手の場合は、寛文五年（一六六五）正月に、幕府老中の指示のもとで二員制への改変と小浜氏の世襲が解消され、それとともに「与力十騎」が二分されて「上乗五人」となったが、このことから与力・同心が小浜氏・大坂船手とは直臣関係ではなかったことが知れる。小浜氏は同年七月に江戸に帰り、摂津国西成郡内に置かれていた知行所も移されるが、同時に配属された与力・同心は上乗と水主に名称変更された。船手奉行の二員制は天和元年（一六八一）に一員制に戻されるが、もちろん与力の方は、享保一三年（一七二八）の『浪花袖鑑』でもなお与力・水主と表示されている。世襲から交代制への切り替えと呼称名の変更によって、大坂船手の与力・同心の場合もこの時点から土着化がさらに進行したといえよう。

世襲的な職務への変化

大坂町奉行の与力（同心）が土着化した要因には、与力の職務が不時の御用への出動という軍役的な側面から、日常的な治安・警察業務、また行政的業務への専門職化があった。ここに与力・同心の世襲的な系譜ができあがる根拠の一つがある。与力の職務は、もともとは世襲ではなく、後に見るように、頭こと奉行の交代ごとに誓詞を取り交わすような「契約」に近い関係にあった。奉行は交代するが、与力は世襲的に職務を継続していたことから生じた事態である。

慶安元年（一六四八）久貝正俊の死去以後、東町奉行は松平隼人正重綱が赴任した。この後、大坂町奉行は東西ともに江戸から赴任し、不定期の任期を全うして江戸に帰るという勤務形態が定着する。奉行は交代を繰り返し、不時の軍務としての特色を残しながら幕末に至っている。

与力は二〇〇石の知行を地方で与えられていたが、これも「不時」の出動に対応するために、その人足（軍夫）の確保と即座の出動に備えて大坂町奉行所近辺に配置されていた。さきにみたように、与力がもとは久貝・嶋田の御徒（歩兵）や鉄砲足軽であり、秀忠の上洛に従って供奉したとき、久貝・嶋田が二条城で大坂町奉行職に任命され、その組与力として大坂へ引越したことに始まる。その系譜には家康の直臣として仕えた経歴を持つ与力もいた（『金言抄』）。

　両御組与力之内ニ者
神君様参州御在城之節ゟ御奉公相勤、慶長・元和年中御陣之節并五年
台徳院様　御上洛之節も供奉仕、京都二条於御城大坂町御奉行嶋田越前守殿・久貝因幡守殿
始而被　仰付候節御組与力ニ被召加当表江引越候、以来連綿実子又者養子ニ而相続仕来候者

も有之、又者町御奉行組与力始而被　仰付候砌被召出候、以来実子又者養子ニ而連綿相続仕候者茂有之、

八田定保の由緒書にもみられるように、与力（また同心）は大坂町奉行に任命された旗本とは直接の家臣関係はなく、軍役としての出陣と同じであったから番組の頭（指揮官）と兵士の関係であった。特に、元和五年（一六一九）から慶安元年まで東町奉行であった久貝が交代し、以後奉行も「不時御用」への備えという面よりも、行政官として不定期間に赴任する形態となったことと相俟って、与力は大坂在住のまま役務を引き継ぎながら「世襲」の態様になったことが地付の与力、大坂土着の侍とみられるようになる始まりであった。

加えて『金言抄』によれば、久貝のもとで大坂に屋敷を与えられたこともそれに拍車をかけた。その経緯によると、江戸の与力・同心が内藤新宿・青山宿で屋敷を与えられたことを知って、大坂の与力・同心も同じことを要望して、天満川崎村（現大阪市北区）の地域に与力に四八〇坪、同心に二〇〇坪ずつが与えられたとある。今に続く与力町・同心町の始まりである。

このように与力・同心の役宅も、元和五年の大坂町奉行所創設と同時に設定されたと推測される。最初は天満川崎村内で望み次第に与えると言い渡されたが、「当分囲」いであって安定的な給与ではなかった。不都合なことが多かったので、与力が江戸の与力・同心の事例に従って新たに要望して、獲得した屋敷であった。

その広さも、『大坂町奉行所旧記』や『手鑑・手鑑拾遺』などによると、「東西組与力六拾人、屋敷惣坪数三万坪、但壱人ニ付五百坪宛」とあり、一人五百坪の屋敷となった。当初のそれより

広がっている。東西三〇騎、つまり三〇家がそれぞれ地割され、配給された。同様に、同心の役宅も東西一〇〇人に二万坪、一人当たり二〇〇坪が与えられていた。これは当初の広さと同じである。『浪花袖鑑』や『御役録』には、与力・同心一人一人の名前と屋敷位置が記されている。

与力屋敷の給与は、与力の知行二〇〇石が「不時」の御用に必要な人足の確保のために地方知行で給与されたことと関係している（『金言抄』）。二〇〇石の知行には、人足のほかに幕府の軍役基準から、自分以外に常に五人の家来を抱えることが規定されていたから、その広さは家来を維持するためにも必要な措置であったといえよう。

蔵米取への切り替え

与力の土着化を進めた要因には、業務の専門職化、役宅の給与のほか知行取から蔵米取への切り替えがあった。元禄四年（一六九一）正月二六日のことである。大坂町奉行の役高と与力の地方知行が切米に切り替えられたのである。土着化への観点からみれば、これは決定的な転機を与えたできごとであった。さきにみた『金言抄』にも指摘されていたように、地方知行が「不時」の御用への対応、軍役的な対応から設定されていたから、この切り替えはそれが軍役的な意味合いではなくなったことを示している。

このとき町奉行の役料は千五百俵（四斗俵であれば約六〇〇石に相当）に改められ、与力は二〇〇石が蔵米取現米八〇石となった。ちなみに同心は一〇両三人扶持で、最初から扶持米取であり、与力とは異なった位置づけであった。

『金言抄』には、この経緯が記される。

元禄四未年正月、両御組与力、唯今迄地方ニ而取来候処、今度御蔵米ニ御引替被下候間、知行所之書付、御勘定所迄御差出被成候様、御下知書を以被仰渡、右ニ付、当未年ゟ四ツ物成之積、頭之裏判手形を以御渡可有之段、御蔵奉行衆江御老中方御証文を以被仰渡候段、記録ニ相見、当時二月・五月・十月三ヶ度之割合、四ツ物成、現米都合八拾石宛頂戴仕候、

ここには切り替えの手続きとして、それまでの知行所の書付を勘定所まで差し出すように指示され、その結果「四ツ物成」（四〇パーセント）で現米支給とすることを御蔵奉行衆あてに老中から言い渡されること、支給は現米八〇石が二月・五月・三月の年三回に分けて行われることが伝えられた。『実紀』には「正月廿六日、大坂の町奉行へ役料千五百俵たまはる。与力等采邑を改て廩米を給ふへき旨令せらる」とある。

八田定保の由緒書の部分にも元禄四年からの切米への切り替えが記される。

一地方ニ而被下置候与力知行之儀向後四ツ物成之積ニ而御切米ニ御引替被下置候旨、元禄四辛未年正月老中方ゟ被　仰渡候旨、小田切土佐守殿被申渡候事、

役職の性格の重大な変化である。この時以後、軍役からの業務よりも行政官あるいは行政実務官的な執務が強調されるようになった。

「五気談」（『金言抄』）には、武術は支配国への出役御用、非常の討ち物・捕り物などのために備えること、そのうえで裁判・吟味の際の判断に必要な知識の習得、また寺社家・医者・学者に侮られないための学識・道理を得ておくことが指示されるようになったことを記している。

地方知行の廃止は、在方では延宝五年（一六七七）から七年に施行された畿内・西国の延宝検地による年貢賦課と徴収が元禄二年から始まり、畿内代官の粛清をはじめとする元禄期の勘定奉行所機構の改変と、それに関係する遠国奉行と畿内西国支配の支配・統制機構の改変の影響であるといえよう（朝尾直弘『近世封建社会の基礎構造』、御茶の水書房、一九六一）。

4　新任大坂町奉行の着任と与力

着任の儀礼

与力・同心は新任の奉行が赴任してくるたびに自らの由緒書を提出し、与力・同心をいつから勤めていたかを示し、新たに与力・同心としての信認を得て、家臣関係を持つことが恒例であった。今に残る与力の由緒書および同心の履歴書、また親類書などはその証左である。これは『金言抄』にも『公務日記』にもみられるように、役所作法に従って新たな雇い入れと勤務の関係が取り結ばれ、与力・同心が奉行の交代毎の出迎え・祝儀などと共に差し出した「誓詞」（起請文）で確かめられる。「両御組与力古格追々相省候次第手覚書」（『金言抄』）には手続きが記される。

一御頭様方御新役被蒙　仰候砌者、其御組与力仲間為惣代申合を以壱人出府仕、此諸入用ハ欠所銀御払ニ相成、且仲間申合御祝儀上ヶ物仕、随身之御用相伺、夫々御自分御用向をも相蒙帰坂仕、猶上坂之砌江州大津迄是また仲間為惣代御出迎仕、当表御船上之節茂両御組与力・同心其外役掛り御出迎之もの披露等仕、其後御役所御作法向万事右惣代之もの江御相談等も有之、

これに従って、明和五年（一七六八）に新任の東町奉行室賀山城守正之の際も、出迎え・祝儀、披露などが行われた。同年七月四日であったが、『公務日記』には三日の記事に、大津への出迎えと、二日に大津着、三日に京都、四日に昼船にて大坂到着がみえる。この後、大坂町奉行所到着は四日の八ツ過ぎであった。今で言えば午後二時過ぎである。

『公務日記』の記録によって、大坂町奉行と与力・同心の対面の場面を確かめておこう。奉行の大坂到着を聞いて、与力も同心も対面のため役所に出向いた。郡太夫（五郎左衛門定保）も麻上下を着けて東役所に出所し、当番所に詰めて待ち受けていた。筆頭与力で同心支配の与力両人は、東役所門前で出迎え、同心中は出迎えへの引き合いに出ていた。

奉行は東役所に到着した後、大書院の間へ出て、それを組の与力らは弓之間で待ち合わせていた。西用人菊池太左衛門が書院の間に出るようにと伝え、与力全員が大書院へ出て並ぶ。その場で、甲斐守から山城守へ組中引き渡しの挨拶があり、その終了後に与力全員が退出した。これが与力と新任奉行の初対面の儀式であった。

対面の儀式のあと、家老・用人から桑原信右衛門（この時の与力仲間惣代）が「御組鑓印三八枚」を請取、信右衛門以外に与力に一枚ずつ渡された。郡太夫は残り三枚を対面儀式に出席できなかった三人に渡すために受け取った。この三枚は当日の役所当番に当たっていた者らの「鑓

印」で、それを黒崎藤弥へ渡した。このとき、組の「御纏」は公事場に置かれており、用人・取次らから御組・同心まで見るようにと伝えられ、郡太夫も見ている。

この後、与力それぞれが奉行役宅へ参上して、到着の「お悦び」を取次喜内に申し上げたとある。またその家中家老・用人・取次・書翰へも無事の到着のお悦びに出向いている。翌五日には、御頭が正六ツ時に組へお目見えの予定があり、袴羽織の用意を記している。

その五日には、御頭への組中からの献上物として、樽・肴を釣台に乗せて役宅に持参し、料理の間へ廻している。このとき西組からも樽・肴が届けられた。『公務日記』には酒の銘柄が「舞鶴」という名酒であったこと、肴は摂津国町の前屋喜兵衛へ注文して、目の下一尺八寸の鯛二尾を整えたと記している。釣台は使番伊兵衛誂のものであった。

新任の祝儀としては、これが基本的な様式であったが、目の下一尺八寸、約五四センチメートルの鯛といっても、頭部を入れると八〇から九〇センチメートルぐらいの大きさであるから、簡単には調達できず、この年は調達できなかった。郡太夫は但し書きを付けて実状を明かしている。

但、先格鯛壱尺八寸ニ候処、当年ハ一向壱尺八寸之鯛無之由ニ而壱尺七寸之鯛ニ而、尤奉書ニ而包候事、

この年は一尺七寸であったという。そうであっても相当大きな鯛であった。これに対する町奉行からの返礼が家老から組に届けられたことが『公務日記』に記されている。

惣誓詞の提出

新任奉行室賀正之との対面の後、与力・同心ともに恒例の祝儀とその返礼を受けた。それが済むと、与力・同心らは新たな御頭との間に配下としての役職とその忠実な遂行のために、誓詞を提出する。与力・同心それぞれが新御頭に押印のうえ差し出している。町奉行と与力・同心の職務契約である。この経過を享和三年（一八〇三）五月の近藤氏（三右衛門・左衛門）の事例（大阪市史史料第四十七輯『大坂町奉行所与力留書・覚書拾遺』）を参考にしながら確かめておこう。

明和五年（一七六八）七月二〇日、家老野村弾右衛門から当番の与力（八田郡太夫）に対して、組中の与力の親類書と御役筋勤書、絵図・書物を取り集めて、差し出すようにとの申し渡しがあった。これを受けて、二三日には、川役であった桑原信右衛門が組中親類書の認方の形式について新御頭の好みを内々に伺い置きたいとの申し出があった。親類書や勤書などの作成が始まったとみられるが、郡太夫の記録では、二四日現在、勤書は集まっていなかったので、地方役の牧野平左衛門からの申し出で、改めて提出について組中へ触れ出しがあった。それには、親類書認方は以前の通りにすることが信右衛門より申し出があり、御頭による案紙の一覧が済んでいたことが知らされた（『大坂東町奉行所与力公務日記』）。

これは享和三年の記録をみると、同年二月二五日付けで由緒書下の廻状が出され、認替のうえ月番の与力へ三月八日までに差し出すことが指示されている。与力の由緒書が江戸で添削を受けて、江戸からの達書とともに担当の与力に伝えられ、それを受けて組中に触れ出された。組中では添削を踏まえて、さらに加筆・清書のうえで奉行の家老他宛てに提出する。

触によると、親類名前書は曾祖父母より認めることが組中へ振れ出され、認方は与力支配役の両人が一覧して、そのうえで信右衛門に掛け合い、若干の文言が変更され作成された。その雛形と、それに従った由緒書は神戸市立博物館所蔵の八田家文書（他に九州大学法学部図書室・大阪商業大学谷岡記念館などに分散）に残される。

安永八年（一七七九）八月に、東町奉行土屋駿河守守直に差し出された「東組与力役人之分勤人数并役替順覚書」には、「御番入」から後の役職経歴が書き上げられ、安永八年時点での役職が記されている。これは同年正月に新任の奉行で赴任した土屋守直の家老に渡された「御役筋勤書」であり、役職に就いていた与力の経歴書である。表紙には「土屋駿河守殿家老日置甚太夫江相渡候扣」とある。また八田家文書には、八田氏の由緒書のほか与力近藤氏（三右衛門勝明・左衛門）の由緒書も残されている。同様に近藤氏の由緒書は享和三年（一八〇三）五月改めの控えであるが、誓約書と同時に作成が求められた親類書・役筋勤書らとともに作成されたとみられ、雛形が付けられている。

これらを終えた後、奉行が一覧したうえで、着任から四週間後の七月二八日には、与力全員の誓詞が提出された。惣誓詞と称される。これが終わると、役職に就いている与力は御役・加役誓詞を差し出す。いずれも「居判」（据判）したうえで家老井出為右衛門へ渡された。

その礼式をみると、惣誓詞の場合は、奉行所書院に与力が支配両人や無役・役人（役付与力）を問わず、勤順に四通りに並び勢揃いした後、御頭が上之間に出座し、書翰役高崎又三郎一儀が「起請文」（誓詞）を読み上げ、その後に「血判」を押していく。その順番は支配から順に済まし、銘々退座する。このとき御頭（奉行）はすでに退座しているので、血判が終われば家老が奥（奉行）へ持参して提出が終わることとなる。

また「御役之誓詞」は、御頭が書院次之間の「上之間」に出座し、役付の与力を家老が役名で呼び出し、起請文を読み上げたうえで血判をして、支配両人役より役頭へ渡し、それを書翰役が受け取って家老へ渡し、家老から御頭へ差し出すという手続きをとる。加役の与力はその後に呼び出し、加役誓詞を読み上げて血判する段取りである。

惣誓詞・加役誓詞の後、改めて与力一同が書院へ並び、御礼を申し上げた後で御頭が挨拶して退座という運びとなる。さらに、与力の誓詞提出の後で同心誓詞の提出が行われた。同心の場合も御役誓詞・加役誓詞の差し出しがあったが、同心の役人は上役が血判を見届けるだけで終わる。これは新任の大坂町奉行が赴任するたびに繰り返された契約関係であり、与力・同心と大坂町奉行の間の儀礼であった。これがまた赴任する者と迎える者との意識を増幅させたのである。

三　取締と捕縛

1　町廻り

治安警察の機構

大坂町奉行は支配所（大坂市中）と支配国（摂・河・泉・播）の司法・行政とともに治安・警察の機構でもあった。そのために、与力を中心にして火付・盗賊・人殺などの探索・捕縛、不審者の拘束、治安の維持と取締のための町廻りなどの常備態勢があった。特に、大坂町奉行所の与力・同心、その手下である役木戸・長吏は刑事事件への対処を対象に編成された態勢である。

これらについては、『大坂町奉行所旧記』『手鑑・手鑑拾遺』などの記録にその職務概要が記されている。『大坂町奉行所旧記』（大阪市史史料第四十二輯）は文化四年（一八〇七）時点での職務概要であるが、火付・盗賊・暴れ者などの召捕方は「盗賊吟味役勤方覚」に一一ヵ条に分けて明記されている。

一火付・盗賊・あばれ者之類、怪敷もの召捕詮義可仕旨被仰付、大坂町中之儀者勿論、摂州・河州・播州御料私領之在々迄も、大坂同様ニ取計、御尋之者之節者他国迄も手当仕召

捕、牢屋敷於御役所詮義仕候事、

但、捨子仕候ものをも心掛ヶ、召捕詮義可仕旨天明八申年被仰付候、且又明和八卯年、一領切之儀者御吟味不被成候段被仰付候得共、一領切之盗賊ニ而も、他領并当表江迷出候を召捕候歟又者当表ニ引合ひ有之、其筋ゟ相顕（願カ）候節者、無差別吟味仕候、尤博奕仕候もの共之儀、寛政六寅年被仰出有之、一領切之無差別召捕詮議仕候事、

ここには天明八年以前に、召し取りと詮議の対象が「火付・盗賊・あばれ者之類、怪敷もの」となっていたこと、その領域が大坂町中と摂津・河内・播磨の幕領・私領の在方であったことを確かめ、これに制約されない事例がお尋ね者（指名手配者）の場合であったとしている。さらに但書の部分には、天明八年に捨子の取扱も加えて基本的な召し捕りと詮議の手順が再確認され、領域が「一領切」、つまり個別領主の領域内（支配所）の事件はその領主の責任で大坂町奉行は関与できない仕組みであったが、他領に迷い出た場合は積極的に召し捕り、また願があれば吟味も行うことが明記されている。寛政六年には、これに博奕の召し取りと詮議は支配所に無関係に取り扱うことが加えられる。遠国奉行としての大坂町奉行の支配所と支配国の統制・管理の基本が貫かれ、確認されている。

第二条には、中国筋の悪党の取締・捕縛、探索について記すが、対象地域が大坂町奉行の支配所と支配国の範囲外であるから、江戸表からの指示に従って対処していたことを記している。

第三条は市中の町廻りの手順と態勢について記している。法会・神事、町中引き回しの仕置など人だかりのする場所、賑やかな場所の町廻り出役は、東西同役の立ち会いで同心二人ずつ、惣

代・若き者（惣会所雇用人）、役木戸二人、長吏一人、小頭二人の編成で実施された。総勢一一人である。これは文化四年ごろの編成であるが、朱書された添書には、天明二年以前にはこれに床髪結組頭も加わっていたとあるから総勢は一二人であったようである。床髪結組頭と役木戸は天明二年五月、惣代については天明八年六月から停止となっていたが、文化四年ごろには以前の編成に戻っていたと記している。

第四条には火付・盗賊・人殺および傷害、無宿者・不審者などの取締や拘束、連行、詮議は役木戸と長吏・小頭が当たり、第五条には盗品・落とし物の訴えは質屋・古手屋・古道具に確かめさせて吟味を行うことが記されている。第六条には出役の際の割り当てが記され、同心の出役人数が六人の内の二人、捕り物は六人全員、二人は牢屋敷役所詰で書方を担当し、詰番に一人が宛てられること、また第七条には惣代二人・若き者二人による口書・呼び出し者、証文の作成、あるいは質屋・古手屋・古道具屋の惣代・手代リ者などによる触書の書取などの役割が明記されている。さらに第八条・九条・一〇条には、盗賊吟味役の経費の賄い方と支給の仕方を記し、第一一条では、盗賊吟味役が天明七年に御石方加役から「主役」に昇格したことを記している。

市中の治安維持と町廻り

大坂町奉行所は治安・警察機能を職務とし、大きくは民事と刑事に分かれる。そのうち盗賊・殺人などの凶悪な刑事事件を担当する役職は盗賊吟味役であり、その実務を遂行する態勢は、大坂町奉行の支配所・支配国では、与力・同心を基軸に役木戸と長吏・小頭、惣代・若キ者による態勢であった。

このほか大坂市中の日常の治安・警察にかかわる情報の収集には、床髪結も当たっていた。床髪結は牢屋の番人や詮議場の縄取など本業の髪結を営みながら牢屋敷の下働きを勤め、また町々の髪結を手下に使って、悪党や怪しい者の情報を盗賊吟味役や役木戸・長吏へ伝えていた。取締・探索・捕縛などには役木戸・長吏、そこへの情報の収集・伝達には髪結床・髪結が当たっていたということができる。

これらの手下とともに、与力・同心が中心となった治安・警察機能は町廻りであった。これは定町廻りと称される市中の見回り、巡回である。今風にいえば巡回警邏活動であろう。日常的な治安・警察業務であり、与力・同心が市中の人々と直接に接触する機会でもある。幕令に違反した行為や不法な商売、不審な人物などの見回りと発見、また町民同士の諍いなど、市中に不穏な情況が生じないようにするためである。事件を未然に防止し取り締ることが、直接に捕縛することも含めて定町廻りの役目でもあった。

与力が勤務内容を江戸に問い合わせた『御問合之内三ヶ条大下書』（以下『三ヶ条大下書』、『大坂町奉行所与力・同心勤方記録』大阪市史史料第四十三輯）には、町廻りの概要が記されている。

一両町組之内町廻り、与力四人同心壱人宛差添、昼夜方角を引分し受持、大坂市町別而人立之場所心掛ヶ相廻り、猶年中節季其他諸寺社神事・法会・芝居・芸替り能・相撲、都而人立繁キ節者盗賊吟味役之与力も東西両人立会、下役六人召連町中并町続在辺迄も相見廻り、盗賊・巾着切之類者不及申、風躰怪敷者見掛ヶ次第、召連候役木戸或者長吏・小頭共

江致差図為捕候儀も有之、(後略)

ここでは、まず町廻りの態勢が与力一人・同心一人を軸にして、四人の与力それぞれで四組編成され、昼夜方角を分担して見回ることがあげられている。大坂市中の人が多く集まる場所を日常的に巡回し、そのうえで、神事・法会などの寺社の年中行事、芝居・芸替り能・相撲などの興行場所をも見回ることが勤め方の基本であった。これには盗賊吟味役の与力も同行する。

巡回する地域は「町中并町続在辺」である。これは大坂市中と町続在領の地域であり、大坂町奉行の支配所である(渡邊忠司『大坂町奉行と支配所・支配国』)。盗賊や「巾着切り」(スリ)などの現行犯はもちろん捕縛するが、重要なことは不審者の発見であった。定町廻りにとっては「風躰怪敷者」を見かけしだいに拘束することが勤方の基本であった。

町廻りは事件の未然の防止が目的であるから、寺社の祭礼時や往来人が多い場所には特に注意を払っていた。『大坂町奉行所旧記』の「定町廻り方勤書」には町廻り出役の基本が記されているが、そこでも出役時の態勢や町廻りの方角、範囲、緊急時の捕縛、出火時の対応、注意を要する回り先、寺社祭礼時の回り方などの要項が簡潔にまとめられている。内容はさきの『三ヶ条大下書』と大きな違いはない。

「人立繁キ」場所には、毎年の神事・法会では、二月二二日の四天王寺聖霊会、二月初午、四月一七日・九月一七日の天満宮神事への出役、特に大坂の神社の夏祭りが集中する六月の出役があげられ、特別の態勢がとられたことが記される。また芝居・芸替り能・相撲への見回りは、明和五年の『公務日記』に、四月八日から二五日までの「大倉助右衛門一代能」への警固記事が見られる。このときは期間の長さもあり、定町廻りだけではなく、与力のほとんどが順番で警固に出ている。『公務日記』四月一五日の記事には、

一明日一代能登警固本番此間申越候得共、猶又出役可仕旨差口ゟ差越来候事、

とあり、日記の著者八田郡太夫が警固の本番に当たっていたことが記される。八田は翌一六日昼出の警固に朝五ツ半頃から出ている。

いずれにもみられるように、与力の催し物への出役は現在の警察官と同じく、警備と警固、混乱・騒動の防止を目的としていた。定町廻りは、盗賊を発見すれば捕縛し召し捕るが、それとともに群集による町民の喧嘩・諍いの発生、不審者を発見することで事故・事件を未然に防ぐことにあった。

それは「定町廻り方勤書」に、町廻りのとき「人立」が多い場所や往来人が多い橋や辻合（交差した街角）には、特別に小頭らに指図して定点で警戒させるとか、天満宮神事には朝五ツ時から群集が鎮まるまで「繁々相廻候」とあり、騒動が起きないように見張ることが重点であった。出火時にも火事場近くを回り、盗賊や「怪敷者」を発見次第に召し捕るようにとあるが、強盗の現行犯は見逃せないから捕縛するが、「怪敷者」は必ずしも窃盗・強盗ではないから、その召し取りは防止策であったといえよう。

町廻りの態勢と地域

「定町廻り方勤書」には、態勢について東西の町廻り四人が与力一人に下役同心一人と、その

もとに長吏・小頭が配されて一組に編成されていたことが記される。これら四組がそれぞれ三郷四方へ分かれ、毎日見回ったとすることは、さきの『三ヶ条大下書』と同じである。したがって基本的な町廻りの態勢は、与力一人・同心一人が基軸で、これに手下としての役木戸と長吏小頭が付き添い、総勢六人か七人で一組が編成されていたとみられる。

これは町廻りの態勢が情況によって変化していたことから推測されることである。さきの「大倉助右衛門一代能」は与力全員がかかわって警固に出ていたが、「定町廻り方勤書」にみられる二月の四天王寺聖霊会に大坂城代が出向くときは、東西二組が立ち会い、下役の同心もそれぞれ四人ずつに増員されている。また四月・九月の天満宮神事には、非常手当として東西一人ずつが立ち会って御宮周辺を見回るとともに、朝は五ツ時（八時頃）から出動して警備に当たることとなっていた。さらに天神祭りには、定町廻り役二人に東の町廻りを合わせて二組が編成され、下役同心が四人に増員され、これに役木戸・長吏小頭らを連れて見回りを行っていた。

これらの態勢で、四組が四方に分かれてそれぞれ巡回した。その地域は大坂町奉行支配所である三郷市中と町続在方である。これらの範囲をまんべんなく回り、盗賊・不審者の発見と捕縛に努めていた。ただ、『三ヶ条大下書』には見回りの時間が記されていなかったが、「定町廻り方勤書」にはそれぞれが方向を決めて、昼が「三時」（約六時間）、夜は二時（約四時間）をかけて回る。もちろん、天候は雨天・晴天を問わない。

『大坂町奉行所旧記』に記される町廻りの態勢は与力・同心が中心で、一組の編成人数の実数は明記されていない。特に町廻りに同行していた長吏小頭・役木戸の人数は不明である。

2　役木戸と長吏

下聞

与力・同心の下で、実際に事件の調査・探索、捕縛に当たった捕り方が、親分と子分の通称で知られる役木戸と長吏・小頭およびその「手下《てか》」である。記録では「下聞《したぎき》」と表記されている。与力・同心の調査・取り調べの前に、あらかじめそれに先立ち犯人の探索や証拠の調査、捕縛などの基礎固めのための下調べを行う。それゆえに、下聞は日頃から町中の至る所を、町民に怪しまれずに自由に歩き回れるような職業の人物を当てる必要があった。それが役木戸と長吏・小頭であり、治安・警察の実質的な実働部隊であった。

与力・同心が補助用員として配下に使った者たちはすべて手下と呼ばれるが、さらにその下で長吏と役木戸が探索と捕縛の準備や手配に使った者たちも手下と呼ばれる。この配下は、猿などと呼ばれていたことが知られている（藤田実「大坂の捕方手先と近代化――奥田弁次郎と長堀橋筋署事件」『大阪の歴史』増刊号、一九九八）。

『大坂町奉行所旧記』には、文化四年（一八〇七）ごろの役木戸・長吏・小頭が「役木戸長吏小頭共名前書」としてあげられている（表7）。これによると、役木戸と長吏・小頭の人数（組）

表7　与力と手下の編成

役木戸	長吏	同倅	小頭
1 佐助	鳶田　吉右衛門	久右衛門	金四郎
2 利助	彦兵衛	幸七	栄助
3 正三	幸次郎	又七	市右衛門
4 嘉七	天王寺　善助		武右衛門　保兵衛
5 重兵衛	久四郎		定助　太八
6 平三	藤助		林兵衛　勘助(武右衛門倅)
7 喜助	道頓堀　仁兵衛		新兵衛　源十郎
8 豊吉	甚平		専助　作十郎
9 清助	吉五郎		忠五郎
10 清八	天満　文右衛門		平次郎　吉郎兵衛
11 又七	伊兵衛		作兵衛　茂助
12 徳兵衛	宗兵衛		
左七(佐助倅)	高原		十兵衛　清五郎　久次郎
			卯兵衛
			平助(十兵衛倅)　保五郎(久次郎倅)

註)『大坂町奉行所旧記』(大阪市史史料第四十一輯・第四十二輯)による。

はそれぞれ一二人ずつであった（高原は後に新設なので組数から省いている）。『大坂町奉行所旧記』よりも早い時期に記録されたと見られる『三ヶ条大下書』と題された記録に、「盗賊召捕振」「右吟味振」「御仕置振」の項目に分けて、探索と捕縛、取締、吟味と裁許の手順が述べられ、その態勢と機構が記されている。

ここには役木戸・長吏がそれぞれ一二人（組）であったことと、役木戸・長吏の由来が記されている。「盗賊召捕振」の但し書として、役木戸・長吏・小頭および床髪結・髪結を「下聞」として用いていた経緯を説明している。その由来をたどってみよう。

芝居町の成立と役木戸

木戸番とは芝居小屋の入場料を徴収する者で、大坂では道頓堀の芝居小屋を中心に仲間組織を作り、その代表を「惣木戸番」といった。そのうちから

「下聞」に選任された木戸番が役木戸である。その経緯は『三ヶ条大下書』の「盗賊召捕振」「右吟味振」「御仕置振」のうち、「盗賊召捕振」の「但」書きに記されている。

> 役木戸与申者、大坂諸芝居兼而矢倉御免之定芝居附木戸番之内、往古人撰を以拾弐人、右躰下聞筋御用ニ召仕、惣木戸番者右役木戸とも手下ニ致差配、道頓堀芝居前ニ而右拾弐人江煮売・水茶屋株四拾七軒御免有之、いろは茶屋与唱、諸芝居見物人江之商内を助力ニいたし、猶芝居興行中者日々之下り銭等をも芝居方より役木戸共江致配分、別段定式之賃銭等奉行所ゟ遣候儀無之、

木戸番の仕事は芝居の入場料徴収であるから、常設の芝居小屋がなければ成り立たない。大坂芝居の成立と芝居小屋の常設は、歌舞伎・人形浄瑠璃・からくりなどの演芸の成立に関係している。大坂の芝居町は道頓堀芝居側または道頓堀芝居町と呼ばれ、道頓堀立慶町・道頓堀吉左衛門町の二町を指し、寛永三年（一六二六）に勘四郎町から移ったときに始まる。『大阪市史』第一には、道頓堀とその周辺八丁を開発した安井氏が町の繁昌策として誘致したと記される。『摂陽奇観』『摂津名所図会』なども同様に記す。いずれも大坂の芝居町は寛永三年以前に成立しており、勘四郎町にあったという説である。そこで、勘四郎町がいつごろ成立したかをみると、もとは大坂市中に隣接する三津寺村の農地が元和六年（一六二〇）に市街地化されたときであった。元和六年一二月二八日付けの「三津寺畠やしきニ成申候帳」（『御津八幡宮・三津家文書（下）近世初期大坂関係史料』大阪市史史料第十八輯）には、同年に一反四歩、一石三斗二升六合、および八反二畝二六歩、一〇石九斗の二ヵ所合計九反三畝、一二石二斗二升六合の部分が市街地

化されたことを記している。したがって、道頓堀に移る以前の芝居町の成立は元和六年であったということになる。

勘四郎町は、成立当初大坂町の最西南端部に位置していた。所属はいずれも南組である。後に、延宝七年（一六七九）に北勘四郎町と南勘四郎町に分割された。これは、大坂の陣以後の松平忠明による市街地復興、淀屋常安による中之島開発などと関連した市街地整理、また元和五年の大坂直轄地化に関連した新たな市街地拡張の一環であった。芝居町の移転は、この後の事例でもうかがえるように、町の発展と市街地の拡大に伴って、町屋地域、特に商業地を中心にした市街整備のために、歓楽街が町の周縁部（いわゆる町はずれ）に立地ないし移されていった事例である。

ところで、『新修大阪市史』（第三巻）には、芝居町は最初大坂の陣以前には勘四郎町にあり、陣で消失後に寛永三年に道頓堀に移ったとするが、これは勘四郎町の成立時期から考えると誤りであろう。たしかに大坂の陣以前も歌舞伎（女歌舞伎、若衆歌舞伎）を核にした芝居町はあったと考えられるが、その場所は勘四郎町ではなかった。大坂の陣での消失後に元和六年には勘四郎町で再開されて、寛永三年の移転までそこにあった。

この芝居町の繁栄策のために、芝居小屋の木戸番らが営業していた煮売・水茶屋があった。大坂町奉行が営業を認可した木戸番の人数が当初一二人で、その水茶屋の数が四七軒であったことから語呂合わせで「いろは茶屋」と呼ばれた。これら最初の一二人が「往古人撰」をもって役木戸に召し出された者たちである。『稽古録』（『大阪編年史』第六巻）には、芝居町立慶町の竹田近江と吉左衛門町の竹田外記が元禄一〇年に一二軒以外の新たな水茶屋の認可を大坂町奉行に求めた願書を載せている。

一立慶町・吉左衛門町両人（町）は、古来より芝居御赦免之地ニ而、諸国之人寄多く御座候ニ付、芝居所始り候時分より、水茶屋出来仕、次第に多く罷成、凡両町之内に七拾四軒、或表借屋・浜納屋ニ而水茶屋商売仕候処に、此之十二年已前、右水茶屋共本茶屋并に被成下、彼者共両町之浜納屋明け退き、勝手之町に水茶屋仕罷在、両町は淋敷罷成候事、

理由は、新しく増えてきた水茶屋七四軒が表借屋や浜納屋で商売するようになったため、「此之十二年已前」つまり貞享二年（一六八五）に本茶屋並と認可されたので、大坂市中のどこででも営業ができるようになった。そのため多くの水茶屋が芝居町から出ていき、芝居町が淋しくなったので、そのあらたな繁栄の回復のためであった。

一右之水茶屋共、水茶屋に被成下候時分被為仰付者、向後道頓堀ニ而水茶屋仕候ハヽ、寺社之門前に如有之、芳洲張ニ而可仕旨被為仰付候、然共、先年より建並ひ候浜納屋に御座候故、其儘ニ而打過申候処、六年以前、惣芝居之内ニ而御用相勤候木戸之者拾弐人、右之浜納屋ニ而水茶屋十二軒御赦免被為成候、其後被為成御意候者、御用相勤候木戸之者拾弐人ニハ不限、以来は惣木戸之者廻りに相勤させ可申旨被仰付、則拾弐軒之水茶屋は、芝居主共へ御預け被為成、只今に至相勤罷在候御事、

ここには、当初店の構えは寺社門前にあるように、移動式の「よしず」（葭簀）張りとするようにとの指示があったが、道頓堀沿いに立ち並んでいた浜納屋に店を構えるようになった。そこ

で、「六年以前」の元禄四年に御用を勤める木戸（役木戸）一二人に浜納屋での一二軒の水茶屋営業を認めたが、その後に一二人以外の者にも開業を認め、一二軒の水茶屋は芝居主預けとなっていた。

そこで、本題の役木戸に関連させた芝居町の成立を考えるとすれば、勘四郎町の成立した元和六年が一つの目安となる。一般に芝居といえば、歌舞伎・からくり・あやつりを指しているから、それぞれの常設の芝居小屋の成立が次の手がかりである。寛永三年の道頓堀芝居町移転後、最初は下難波村の遊女による女歌舞伎が上演されていた。それが禁止されて以後、京都からの興行主（塩屋九郎右衛門・同九左衛門・大和屋甚兵衛・河内屋与八郎・松本名左衛門・大坂太左衛門）によって若衆歌舞伎が上演された。これも承応二年（一六五三）に禁止されている。またからくり芝居は寛文二年に竹田近江、操芝居は最古の芝居小屋が人形浄瑠璃の出羽座とされている。

これら芝居町の木戸番一二人は大坂町奉行所の御用を勤めたことから「役」木戸であり、そのために生活基盤として木戸銭の徴収とともに茶屋商売の権利を与えられた。したがって生活・役木戸としての定式の賃銭は大坂奉行所からは支給せず、賃銭の代わりとして、その賄いには水茶屋の商いを助力に、木戸銭の「下り銭」の配分があった。

「四ヶ所」と長吏・小頭

木戸番、いわゆる役木戸とともに、大坂町奉行所の治安・警察機構を支えていた下聞は長吏と小頭である。大坂の非人集団と居住地の頭、代表者が長吏であり、その補佐役が小頭である。

大坂の非人・非人仲間は天王寺・鳶田・道頓堀・天満の四地域に集住していた。「四ヶ所」と呼ばれ、垣外ともよばれたが、その由来は、四天王寺付属の四箇院（悲田院・施薬院・敬田院・療病院）という呼び方に始まるという説、また先の四ヶ所にあったことによるという説がある（『新修大阪市史』第三巻）。

これらの非人集団と居住地にそれぞれに長吏一人と、小頭（組頭）・若キ者、その弟子が置かれ、集団の管理機構が構成されていた。長吏・小頭の人数は表7に示した。長吏・小頭が与力・同心の手下として動員されるためには、四ヶ所の成立が前提となる。そこでこれら四ヶ所の成立時期をみると、天王寺垣外が最も早く、文禄三年（一五九四）には検地で除地となっていることから、それ以前にあったとみられ、鳶田が慶長一四年（一六〇九）、道頓堀が下難波村に元和八年（一六二二）に置かれ、天満が川崎村の中に寛永三年（一六二六）に配置されている。また高原は寛文年中に置かれた非人の御救小屋であった。

したがって、表7にみられるような長吏・小頭の態勢が整った時期は、寛永三年以降のことになる。これに大坂が直轄地となり、大坂町奉行が設置された元和五年（一六一九）と、大坂西町奉行嶋田直時の頓死によって一時消滅し、曽我古祐が再置されるまでの期間（寛永五年から一一年）をあわせて考えると、四ヶ所の長吏・小頭が奉行所の下聞として治安・警察機構の一環に組み込まれた時期は寛永一一年までの間であったと推測される。

これはさきにみた、役木戸が元和六年の勘四郎町での芝居町の成立、寛永三年の道頓堀への移転という時期と考え合わせれば、少なくとも四ヶ所が整った寛永三年が役木戸と長吏・小頭を軸にした下聞態勢成立時点と考えることができる。

その態勢の編成は、さきの『大坂町奉行所旧記』にみられるように、四ヶ所長吏四人を下聞の頭として、三三人の小頭を直接の手下として探索・調査に従事していた。

役木戸と長吏・小頭の出役

探索・捕縛・取締の手順については「盗賊召捕振」の部分に記されている。そこには、最初に火付・盗賊・人殺、無宿者らの探索や召捕、百姓・町人、武家・中間などの不審な人物の拘束と召捕の基本的な手順が概説され、そのための態勢（探索・捕縛の編成）が記されている。それは、大坂町奉行所の盗賊吟味役与力と、その手下役木戸と長吏・非人による協力態勢であった。

一火付・盗賊・人殺之悪党者見聞次第不取逃候様手段いたし置、早速盗賊吟味与力江注進可致旨、大坂役木戸并四ヶ所長吏江兼而申付有之候付、彼等見聞次第、或者無宿もの者直ニ縄・手鎖を掛ヶ、盗賊吟味役日々相詰牢屋敷役場江召連出候儀も有之、夜分抔者長吏共手下非人小屋又者大坂高原ニ長吏共預り之病人、或者牢舎迄ハ至り不申候無宿もの当分差置候小屋与唱候牢屋躰之場所有之候付、右小屋ニ差置致注進候儀も有之、

大坂町奉行支配所の町方と町続在方（在領と在方）の火付・盗賊・人殺については、役木戸と長吏が見聞き次第取り逃がさないように手立てをして、その後に盗賊吟味役与力へ注進することが基本であった。場合によっては見聞き次第に縄と手鎖を掛けて、盗賊吟味役与力が常駐している牢屋敷へ連行した。無宿者の場合も同様であった。また夜分には、非人小屋・高原小屋に一時

拘束して盗賊吟味役与力に注進していた。非人小屋は長吏の手下である非人が管理しており、高原小屋は長吏が病人らを預かり、牢舎に連行するほどでもない無宿者を拘束しておく牢屋敷のような小屋であった。

これに続けて、百姓・町人、武家・中間などの不審者の拘束と捕縛の手順が記されている。これらの拘束や捕縛は火付・盗賊・人殺の場合と違って、役木戸・長吏らは不審者を見付けても直接に手を出すことは止められていた。取りあえずは近くの人家に引き入れておくか、容易に出歩けないような拘束の手立てをして見張りを置いて吟味役与力へ注進することを指示している。注進後は吟味役与力手下の同心が東西立ち会いで「出役」のうえ召し捕る手順であった。この捕縛(縄取と召捕)には、役木戸・長吏も動員された。

役木戸と長吏・小頭は与力・同心の手下として、日常の情報収集から事件発生時の探索・下聞まで、警察官・探偵・調査員の職務に従事していた。『三ヶ条大下書』や『大坂町奉行所旧記』に見られるように、役木戸が一二人(組)、長吏・小頭も一二人(組、後に一三組)いた(表7)。

役木戸は、すでに触れたように芝居町の成立と関連している。最初から一二人であった。また長吏小頭も基本は一二組(人)であった。確立時期も寛永三年前後で、ほぼ一致している。

Ⅲ

大坂町奉行・与力と事件異聞

一　大坂町奉行稲垣種信と商家相続事件

1　事件の概要

発端と原因

元文五年（一七四〇）三月、大坂の町に落首が出た。『続談海』に五首が書き留められている。その一つをあげよう。

まいないをとりしむかしの替リとて半知に木津屋いまハくやしき

同年三月一九日、大坂東町奉行稲垣淡路守種信に知行の半分と閉門が申し渡されたが、このことを揶揄した落首である。この日、同時に稲垣種信の用人馬場源四郎には死罪が申し渡されていた。稲垣と用人の処分理由は、大坂町人辰巳屋久左衛門家の相続事件に関係していた。落首は大坂町奉行の凋落を嗤う。『実紀』も三月一九日の条にこの事件の裁許結果を記している。

この日大坂町奉行稲垣淡路守種信職を放たれ、采地の半を削られて閉門せしめらる。これは大坂の市豪辰巳屋久左衛門といへるに、木津屋吉兵衛強て後見せんとはかりし事を取上、吉兵衛より賄賂うけ、辰巳屋手代新六を誣て獄にとらへし事など顕はれしかば、かくとがめかうぶりしてなり。種信が家士馬場源四郎は死刑に処し、吉兵衛は遠流せらる。

稲垣種信の閉門は、辰巳屋の後見人になろうとした木津屋吉兵衛から賄賂を受け、辰巳屋手代新六を捕縛投獄したことが誤った裁許として露顕したためであった。またそれにかかわった手代は死刑とされたことも明記されている。

ここには、稲垣種信の閉門と原因となった事件の概要が極めて簡略に記されている。種信は享保一四年（一七二九）二月一五日に大坂東町奉行に就任した。目付からの昇進である。享保改革と呼ばれた幕政建て直しの真っ最中の赴任であった。勤務は元文五年の閉門まで一一年間に及ぶ。中期以降の奉行の勤務年数としては短いほうではないから、それなりに手腕を期待されての起用であったとみられる。

この事件によって、種信は閉門、知行は三河国碧海と和泉国泉郡内で千石に半減された。その原因は辰巳屋の後見人騒動に加担して、吉兵衛の言いなりに辰巳屋の手代を投獄し、また吉兵衛から賄賂を受け取ったこと、それに影響された誤った裁許の責めを負わされたことにあった。任命は目付の経験を生かした綱紀引き締めを期待してのことであったとみられるが、それに反して、幕府にとっても重要な遠国奉行の一人が不祥事を引き起こした結果となった事件であった。

稲垣の勤務年数が長すぎたことが大坂市中の町人と馴れ合いさせ、それが事件の遠因かもしれないが、当時相当の話題になったようである。冒頭の落首は市中の関心の高さを物語る。事件の記録は『元文日録』をはじめ、『続談海』『武陽禁談』『翁草』などにみられる。いずれも詳細である。記録はそれぞれに齟齬がみられるが、これらによると、発端は辰巳屋久左衛門の養子孫兵衛の跡目相続と、久左衛門の病死後孫兵衛が若かったので、後見人を公言して辰巳屋に入り込み、相続ほかの家事を取り仕切ろうとした木津屋吉兵衛の介入にあった。

稲垣種信は辰巳屋の相続問題の調査・吟味担当となり、その過程で吉兵衛から賄賂を受けた。そのため、吉兵衛ではなく辰巳屋の手代新六を捕縛して吟味に懸けるなど、公平な裁許ができず事件の真相を解明できなかった。この責めを問われて閉門・知行半減に至ったのである。冒頭の落首は、大坂の町民が訴訟の原因となった木津屋にかけて、賄賂に溺れて家柄に不名誉な傷（「木津」）を残した町奉行を嘲笑する。

この事件で処分された関係者は五八人にのぼる（表8）。死罪から知行半減、改易、獄門、遠島、重追放、入牢、押し込め、叱り、引き廻し、過料、構いなし、永暇、申し付けなど、処分はさまざまであった。内訳は大坂東町奉行稲垣とその手代のほか、西町奉行の佐々美濃守成意が逼塞など武士関係が八人で、他はすべて町人であった。処分者は大坂市中に限らず、江戸市中の武士や町人にも及んでいる。

事件そのものは相続問題とそれにかかわって発生した賄賂・収賄という単純な訴訟事件であったが、大坂と江戸を舞台にした訴訟・賄賂事件であったために、当時の人々の関心を呼んだのであろう。『元文日録』ほかにみられる記録の多さはそれを物語る。

事件の当事者

相続・押領事件の舞台となった辰巳屋は、大坂堀江柏丁通り吉野屋町一丁目（現在は大阪市西

表8　辰巳屋久左衛門相続争論裁許結果

処罰された者	処分内容			備考
	3月19日申渡	4月6日申渡	評定所申渡	
稲垣淡路守種信	知行半知召上 閉門	知行半知召上 閉門	知行半知召上 閉門	大坂東町奉行
馬場源四郎	死罪	死罪	死罪	稲垣用人　内与力　二月一五日揚り屋入
木津屋吉兵衛	遠島	遠島	遠島	大坂橘通二丁目　正月九日入牢
辰巳屋久左衛門	御構なし	御構なし		大坂吉野屋橋辰巳屋久左衛門養子
惣助		重追放	重追放	大坂橘通二丁目木津屋吉兵衛手代　入牢
元助		重追放	重追放	木津屋喜兵衛手代
佐助		重追放	重追放	木津屋喜兵衛手代
禅僧智岩		町中引廻獄門	町中引廻獄門	江戸深川永代寺門前八幡町久左衛門店居候
泊屋勘右衛門		江戸払	重追放	江戸大伝馬町二丁目家主
宇田川正順		引廻	引廻し	死罪に及ばず、江戸神田永井町茂兵衛店
喜八		重追放	重追放	江戸浅草聖天町　善八とも
嘉兵衛		江戸払	江戸払	江戸本石町三丁目太左衛門店　善兵衛とも
清兵衛		江戸払	江戸払	江戸本石町三丁目木津屋吉兵江戸宿
福嶋左太夫		死罪	死罪	水野備前守組頭
藤田清兵衛		御暇	御暇	石河土佐守組与力
平塚伊右衛門		御暇	御暇	石河土佐守組与力　三好伊右衛門とも
与兵衛		重追放	入牢	辰巳屋久左衛門手代吉兵衛馴れ合い
平兵衛		重追放	入牢	辰巳屋久左衛門手代吉兵衛馴れ合い
庄右衛門			入牢(牢死)	辰巳屋久左衛門手代吉兵衛馴れ合い
大和屋忠右衛門			五十日戸〆	大坂中之島町　(惣右衛門とも)
大和屋三郎左衛門			五十日戸〆	大坂中之島町
作兵衛			急度叱り	大和屋三郎左衛門手代
家守喜兵衛			構いなし	大和屋三郎左衛門家来
唐金屋衛茂三			構いなし	和泉国岸和田(衛茂作とも、久左衛門実父)
仁兵衛			構いなし	辰巳屋久左衛門前家先手代
喜兵衛			構いなし	辰巳屋久左衛門前家先手代
忠兵衛			構いなし	辰巳屋久左衛門手代
九左衛門			構いなし	辰巳屋久左衛門手代(九右衛門とも)
庄助			構いなし	辰巳屋久左衛門手代
医師　大口如軒			構いなし	大坂南新町二丁目(大和屋)
具足屋治兵衛			過料五貫文	大坂平右衛門町五人組
近江屋十兵衛			過料五貫文	大坂山本町　具足屋治兵衛五人組
指物屋七郎兵衛			過料五貫文	大坂山本町年寄(荒物屋十郎兵衛とも)
和泉屋喜右衛門			急度叱り	大坂吉野屋町年寄共
市之丞			急度叱り	大坂吉野屋町年寄共月行事(太郎兵衛共)
市郎兵衛			急度叱り	大坂吉野屋町年寄共月行事
高橋寿八郎			構いなし	摂津曾根崎村庄屋
儀兵衛			構いなし	摂津曾根崎村庄屋
茂兵衛			構いなし	摂津曾根崎村庄屋
治兵衛			構いなし	摂津曾根崎村年寄
布屋卯之松			構いなし	大坂内両替町　辰巳屋親類
森田屋藤右衛門			構いなし	大坂内平野町　先代久左衛門舅
河内屋太郎兵衛			急度叱り	大坂平野町一丁目(太郎右衛門構無とも)親類
紙屋吉右衛門			構いなし	大坂道修町三丁目　親類
儀左衛門			構いなし	和泉佐野浦唐金屋衛茂三手代
橘屋久兵衛			申し付け	江戸亀井戸
半兵衛			申し付け	辰巳屋手代
萬兵衛			申し付け	辰巳屋手代
嘉兵衛			申し付け	辰巳屋手代
源兵衛			申し付け	辰巳屋手代
新六			申し付け	辰巳屋手代
惣兵衛			申し付け	辰巳屋手代
小出相模守			御預け	御本丸属従　青山大膳亮方へ預け
小出右近			改易	小出相模守子供
医師　丹羽正伯			小普請入	
富樫弥助			永暇	加納遠江守用人
永井兵右衛門			構いなし	加納遠江守目付
佐々美濃守成意			逼塞	大坂西町奉行

註)『大阪町奉行所旧記』(大阪市史史料第四十一輯・第四十二輯) による。

区内）にあり、薪問屋であった。久左衛門はその代々の相続名である。延宝七年（一六七九）刊行の『懐中難波雀』および『難波鶴』には、吉野屋町に「辰巳や善兵衛」「辰巳や六兵衛」の辰巳屋の屋号を持つ二つの薪問屋があった。これら二軒と久左衛門との関係は不明であるが、事件当時の久左衛門が五代目であることからすれば、延宝七年はほぼ八〇年前に相当する。五代目がいずれかの後継であることは推測できる。

辰巳屋は代々の相続を重ねて、五代目のときには身代二〇〇万両、手代四六〇人を抱える分限者となっていた。『続談海』には「大坂に隠なき分限者」として知られると記す。この五代目久左衛門には実子がなかったため養子を迎えた。この養子の名が孫兵衛である。その親については伊勢国鳥羽領射和村大和屋三郎右衛門とする『続談海』の説と、和泉国岸和田岡部美濃守領分の唐金屋恵茂作（史料により衛茂三、恵茂三ともある）とする『武陽禁談』の説がある。後に触れるように、唐金屋説の方が妥当性がある。

いずれも分限者である。特に唐金屋恵茂作は和泉佐野を本拠とする廻船問屋であり、井原西鶴の『日本永代蔵』にも「神通丸」の船主として登場する。この養子が一五、六歳になったときに、跡目相続事件が起こった。当事者の一人がこの養子で、当代の久左衛門であった。

この養子孫兵衛（後に久左衛門）の後見人になろうとして、跡目相続訴訟の相手となった人物が木津屋吉兵衛、事件の首謀者である。『懐中難波雀』によると、四つ橋に炭問屋「木津屋吉兵衛」がみられる。これがこの時の炭問屋木津屋吉兵衛につながる。由緒ある炭問屋で、この時の吉兵衛は病死した久左衛門の実弟である。吉兵衛と兄久左衛門の実父が辰巳屋久左衛門で、剃髪後に休貞と名乗っていた。この休貞がもとは炭問屋木津屋の四男で辰巳屋の養子となり、その惣領が平三郎こと久左衛門であった。病死した五代目の辰巳屋久左衛門である。弟の久八郎は炭問屋木津屋へ養子に出され、実父の実家を相続していた。

これら二人に、それぞれの親族や薪問屋、江戸と大坂の家主・借家人が絡み、それぞれの利害関係から複雑な人間関係の構図ができあがっていた（表8）。久左衛門と吉兵衛が兄弟であることとは別にして、一つは久左衛門につながる関係である。この関係からは、店の手代らと久左衛門の親類、先代久左衛門の手代、またそれらにつながる大坂・江戸市中の医師や商人・奉公人らである。二つは久左衛門の養子からの関係である。出身は、前述のように伊勢大和屋と和泉唐金屋があげられ判然としないが、争論の経過からみれば唐金屋が出自とみてよい。いずれにしても養子先の関係から生じる唐金屋恵茂三につながる人々である。

奉公人のなかで辰巳屋手代新六だけが『実紀』の記事に記される。新六は養子孫兵衛の実父唐金屋から孫兵衛に付けられた手代である（『翁草』）。記事には、新六が誤って捕縛されていたことが露顕したことを罪に問われたと記されているが、これは吉兵衛やその一味が辰巳屋の後見や相続を画策したときに、新六が養子孫兵衛の側にたって吉兵衛らに抵抗したからであろう。賄賂を受けた稲垣種信が吉兵衛らの言い分をうけて手代新六を捕縛していたのである。

三つは、久左衛門の店があった地域からの関係である。店が吉野屋町にあったことから生じる町年寄や月行事らとの関係である。表8に見られるように、和泉屋喜右衛門・市之丞・市郎兵衛らはいずれも「急度叱り」の処分を受けている。町方・地方の争論は基本的に内済という原則からみれば、辰巳屋の争論拡大は町年寄らにその管理・処理に不都合があったことになる。

『続淡海』には、大和屋三郎左衛門が養子孫兵衛の出自となっているが、これはむしろ木津屋吉兵衛との関係が強いようである。したがって、四つには、事件の首謀者木津屋吉兵衛のつながりである。これも吉兵衛とその店の手代、それらにつながる大和屋とその手代、大坂・江戸の商人とその奉公人ら、また町方の年寄・月行事らである。

これらに、吉兵衛の策謀に加担した大坂東西町奉行とその与力、および堺奉行の与力、旗本小出氏とその子供、同じく加納遠江守の用人・目付など、大坂と江戸の諸役人が関係していた。なにゆえに旗本や堺奉行の与力らが関係したか、興味のわくところである。

久左衛門と吉兵衛

争論事件の被害者と首謀者は久左衛門と吉兵衛である。当代の久左衛門は養子で、吉兵衛とは義理の叔父甥の関係にあった。ここでの養子の義理の親久左衛門は、吉兵衛の兄に当たる先代久左衛門である。事件の糸口はこの兄弟関係にあった。『武陽禁談』『続談海』『翁草』によりながら、それぞれの由緒を確かめたいが、いずれも齟齬がある。ただ『翁草』が最も合理性のある由緒を述べていると見られるので、おもにこれを土台にして整理しておきたい。

久左衛門は薪問屋辰巳屋の当主であり、木津屋吉兵衛とは兄弟であった。『翁草』によると、兄弟の父は辰巳屋久左衛門といい、もとは炭問屋木津屋吉兵衛の四男である。この四男が辰巳屋の養子となり、薪問屋の店を相続した。後に剃髪して休貞と名乗っていたが、享保一六年（一七三一）六月二日に死去した。この休貞の子供が平三郎（久左衛門）と久八郎（吉兵衛）である。

平三郎こと久左衛門は辰巳屋を相続、その後もよく家業を守り、享保一七年の畿内・西国の蝗害による飢饉には、大坂で大和屋三郎左衛門・平野屋五兵衛・和泉屋吉左衛門らとともに幕府から諸大名への貸与米の返納を取り仕切り、諸国に名を知られるほどの活躍をしていた。

ところが久左衛門は突然重病となり、元文四年（一七三九）正月八日には大和屋三郎左衛門を呼んで死後の取り計らいを頼んだが、それが十分に伝えられないまま死没した。休貞の確かな遺書・遺言などがなく、しかも跡を継いだ久左衛門の養子孫兵衛が若年（さきにみた記録では一五、六歳）であったために、吉兵衛が後見人となることを公言して入り込み、騒動の発端となったのである。

その吉兵衛は久八郎といい、休貞こと先代辰巳屋久左衛門の次男であった。休貞はこの吉兵衛を自らの実家木津屋に三〇〇〇両の持参金を付けて養子に出し、相続させた。吉兵衛が相続した炭問屋木津屋も『懐中難波雀』に名が残る大店で、この時でも六万両の分限者の家柄であった。ところが吉兵衛の不行跡のために店の身代は傾き、家も質に入れ結局破産させてしまった。『続淡海』によると、「右吉兵衛事遊興に耽けり、さま〳〵の遊ひに、右之金子段々と衰へ、身体を潰し」と記している。身代を潰した後は、少し文才があったので、学問塾を始めて堂上方（京の公家方）の作法や礼式を覚えてそれを指南しながら世を凌いでいた。『翁草』には、京に上り堂上方に仕えて公家のまねごとのようなことをしていたとも記している。

兄の平三郎こと久左衛門は、このような弟の行状や不真面目な商売態度、生活態度をみて見切りをつけ、日頃の交際を絶っていた。その状態のなかで、久左衛門が病死したのである。これは吉兵衛にとって青天の霹靂であったであろう。これを幸いに、若年の孫兵衛の後見人として辰巳屋に乗り込む口実ができたからである。

吉兵衛の辰巳屋相続問題への介入は、たしかに自らの窮乏した現状からの脱出にあっただろう。ただ、なぜに後見人を公言して辰巳屋に入り込んだかといえば、それは父休貞の直系は自分しかいないと考えたからであろう。直系の弟であったこと、兄の後継者が養子であり、しかも若年であったことから、兄がなくなれば当然に相続権は弟の自分にあると考えたためだろうと推測できる。それに内応する辰巳屋の手代もいたために、吉兵衛のその思いが増幅されたのであろう。かくして相続をめぐる大出入が勃発したのである。

ところで、『続談海』は辰巳屋が身上は「大坂一番通リ宜敷者」で、二〇〇万両の身代と手代四六〇人を抱える大商人であったと記すが、久左衛門がもとは炭問屋木津屋の惣領で辰巳屋の養子となり、先代久左衛門の跡を継いだこととか、弟の吉兵衛が木津屋を相続したとする由緒の記述は誤りのようである。正しくは『翁草』の記述であろう。ただ久左衛門と吉兵衛が兄弟で、それゆえに吉兵衛が弟を名分に「後見人」の画策をして、辰巳屋の乗っ取りを考え、また牛耳ろうとしたことは間違いない。

2　辰巳屋久左衛門の系譜

伏見の船頭久左衛門

延宝七年（一六七九）の『懐中難波雀』『難波鶴』には、薪問屋辰巳屋と炭問屋木津屋が記載されている。さきに触れたように、元文五年（一七四〇）の相続出入の舞台となった辰巳屋・木津屋につながるであろうことは、その所在地が「吉野屋町」で一致することからも推測される。前出の記録類から、身代二〇〇万両、手代四六〇人の大店になるまでの辰巳屋の系譜を探ってみよう。出入当事者の久左衛門からは五代前のことである。

『続談海』によると、辰巳屋久左衛門の先祖は、五代前には伏見の船頭であった。元文五年から五代前、ほぼ一〇〇年前とすると寛永一七年（一六四〇）に相当するから、これは過書船の船頭とみてよいであろう。その船頭が大坂の分限者となった系譜には、多くの大店の発祥と同じように、聞く人・読む人にある種の「感銘」を与える逸話に彩られている。その逸話の基本は「正路」「正直」さを強調し、勤勉に仕事に励む姿の描出である。辰巳屋の場合も例外ではない。

その最初は商売を始めるまでに至る特異なできごとと、それに対応する正直さの強調である。逸話は辰巳屋の先祖が川船の船頭として「正直」に暮らしていたこと、あるとき船中に落ちていた「金財布」、金子入りの財布を拾ったことから始まる。

船頭久左衛門は拾った財布の中を見もしないで自宅船宿の神棚に上げ、落とし主の出現を誓願していたという。それから三年後、落とし主が現れる。大坂の炭・薪の大問屋であった。大問屋は久左衛門の船に乗り、この二、三年のうちにこの辺りで「俄に分限」になった者はいないだろうかと、物語を始めた。久左衛門はこれを聞いて、川上のほうに久左衛門という船頭が二、三年以前に船中で金を拾って分限者になったと、他人ごとのように話したという。

大問屋は久左衛門の話しを聞いて、すぐさま久左衛門の宿を尋ねていくと、そこの主が話しをした船頭であったので不審に思い、船中で他人ごとのような話し方をした理由について尋ねた。すると、久左衛門は船中は乗合の客がおり、詳しく語ると聞かれて何かと差し支えがあるので、他人事のように話したと答え、さらに三ヵ年の間落とし主を気の毒に思いながら、早く返すことができるようにと、神棚に上げて祈願していたことを告げたという。まさに、誠実さ・実直さ、また一途さの強調であり、それが招く幸運の強調である。

その経緯を話して財布を返すと、大問屋は久左衛門の正直さ正路さに感銘して、「我等身体ニて是程の金失ひたれとも少しも障事なし」と言って、久左衛門がそのまま財布を納めるようにと申し出た。しかし久左衛門はそれに納得せず、これを押し返し、大問屋は仕方なく受け取り、「扨々御心入古今稀成人哉」と感心したという。ここでもまた久左衛門の心根の良さ、一途さの強調である。大問屋は、船頭家業を止めて大坂に来て商売をしてはどうかと提案し、商売ができるように取り計らうことを申し出た。これが久左衛門の大坂進出のきっかけであった。

伏見の川船といえば、伏見船であるが、これは元禄一一年（一六九八）の新設・認可であるから、これは遅すぎる。『続談海』には「久左衛門船」とか「久左衛門宿」とあり、さきに触れたように、この川船は過書船とみてよい。その船頭からの大転身、大坂商人への出世であった。

炭・薪問屋辰巳屋

船頭久左衛門に出会った炭・薪の大問屋が誰であるかは不明である。寛永年間(一六二四―四四)の炭・薪問屋との出会いについては、『武陽禁談』も『続談海』と同様の記録を残している。いずれも久左衛門が大坂の炭・薪の大問屋に誘われて大坂に出て、その援助で炭・薪(真木《まき》)の商売を始めている。大坂の薪問屋といえば、土佐の薪問屋が著名であった。炭・薪は近世の町では、町民の重要な燃料であったから、需要は絶えることがない。

久左衛門の商売は順調であった。『続談海』には「善意の恵ミにや、久左衛門商売するほと事よく、段々分限者になり」と記している。『武陽禁談』も同様であるが、当代の久左衛門までは『続談海』が五代、『武陽禁談』には三代とある。いずれにしても、薪問屋辰巳屋が新興の商人として、先祖の勤勉さと正直さが商売の成功をもたらし、手代四六〇人を抱える大店になっていた。享保期には大坂市中屈指の分限者となったことを強調し、享保一七年(一七三二)の蝗の被害による飢饉には、救援の銭を一万貫文(二五〇〇両)を大坂町奉行に供出したと記している(『武陽禁談』)。これは、さきに触れたように大和屋三郎左衛門・平野屋五兵衛・泉屋吉左衛門らとともに負担を求められた義捐金である。まさに二〇〇万両の分限者を証明する供出金である。

木津屋吉兵衛もまた炭問屋として、大坂では中程度の分限者であった。さきに触れたように、養子孫兵衛の義父久左衛門とは兄弟であり、そのうえに父親が本来は木津屋の四男で辰巳屋へ養子に入っていた。本家辰巳屋を継いだ兄とは別に、吉兵衛は父親の本家である木津屋へ養子に入り、木津屋を相続し、そこの身代を遊興で食い潰した。兄弟であったことが辰巳屋をめぐる相続問題に介入する根拠であった。

辰巳屋・木津屋の商売の実態をみる記録は現在のところ未発見である。辰巳屋・木津屋の商売や由緒は、争論の過程で出された口書としての由緒記録から採られたとみられる。聞き書きが主になったと考えられるから、記録類に齟齬があることは避けられない。そのなかで、『翁草』は京都町奉行与力神澤貞幹、号杜口が書き残した著書である。それゆえに、辰巳屋事件の記録には、大坂町奉行所内の調書や裁許記録から写し取ったと見られる記述が多い。その意味では他の記録よりは精度が高いといえよう。

『翁草』は寛政三年（一七九一）の成立で、全二〇〇巻に達する。刊行は明治三八年（一九〇五）であるが、記録は神澤が与力時代に見聞したさまざまの事実や、中古以来の古書からの抜き書き、それらに自分の評価を加えて著述されている。以下、これを中心に事件の経過を追ってみよう。

3　事件の経過

吉兵衛の横暴

元文四年（一七三九）、吉兵衛は兄久左衛門から養子孫兵衛を頼むと言われたと公言して、後見人として辰巳屋へ乗り込んだ。これは辰巳屋の乗っ取りを謀る吉兵衛の策略であった。『武陽禁談』には、久左衛門が病気になったとき一家と手代すべてを呼び寄せて、吉兵衛の不行跡をみて「自分相果候ハヽ、必吉兵衛を悴後見抔為致申間敷候由、遺言仕候由」とあり、久左衛門は吉兵衛を後見にすることを望んでいなかった。『続談海』には、吉兵衛の行状も治まったと判断した久左衛門が吉兵衛を呼んで、「養子孫兵衛未若き者ゆへ、看坊致シ（身）のたち候やうに頼置候内に」とあるが、これは吉兵衛の口書に偏った記録であろう。

吉兵衛は久左衛門の死後、『続談海』に「手を廻し、公辺をも取繕」いとあり、また『翁草』には、吉兵衛が「学校を建て、公儀江達して志の書生なとを扶助し」ていたが、「かやうの族を久左衛門死後に入込せ、万我儘に暴動せなハ」とあるように、子飼いの「書生」らを辰巳屋へ送り込んで内情を探り、乗り込む算段をしていた。吉兵衛は、そのうえで、自分に内応する者を作って、後見を頼まれたと主張して辰巳屋に乗り込んだのである。

辰巳屋へ乗り込んだ吉兵衛は養子孫兵衛の「後見人」として我が儘に振る舞い、孫兵衛が居りづらくなるような仕打ちを繰り返し、実家へ帰るように仕向けた。『翁草』には孫兵衛がその我が儘を訴えたときから「座敷牢へ入置」いたと記している。

孫兵衛が実家唐金屋に帰った後、吉兵衛は久左衛門の葬式を取り仕切り、必要以上に派手に演出した。その我が儘で横暴な振る舞いは吉兵衛が辰巳屋吉兵衛を名乗ったことやそのほかのいくつかが『続談海』『武陽禁談』『翁草』に見られる。

まず葬儀の記事である。『続談海』には、葬儀の際に「町人六百人江一様ニ浅黄の小袖・麻上下遣し、三百人ハ先に立、三百人ハ跡に立セ候也」とある。浅黄色の小袖と麻上下という装束で、六〇〇人が葬列を組んで歩いたことを思い浮かべると、手代四六〇人、身代二〇〇万両の葬礼とはいえ、異様な演出であったといえよう。『武陽禁談』にも同様の記事が引用されているが、それは『続談海』を下敷きにしていると考えられる。

また、『続談海』には、三年の法事に檜木で舞台を造り、役者を呼んで能をさせ、親類・縁者・懇ろの者らを呼び集めて見物させ、結構な料理を振る舞うとか、歌舞伎を好きな者には役者を呼び寄せて流行していた狂言を演じさせるとか、あるいは当時の人気役者瀬川菊之丞には、正金五百両を舞台にまいて見物客に拾わせ、押し合うなかで老人や子供が怪我をしたとかの、まさに金に任せた度を過ぎた振る舞いをしていた。

『翁草』には、三年の法事が「中陰」つまり満中陰と記される。吉兵衛の異様な行状は、芝居・遊里に入れ込んでいったこと、奢りの余りに京都へ登って堂上方の家人となって「図書」と改名し大屋敷を買い求めて堂上方を招いて宴会を開いていたこと、また帯刀して京都・大坂を往来していたこと、それを大坂町奉行所に届けていなかったこと、などがあった。

さきに触れたように、まずは養子孫兵衛を追い出し、次いで自分に反対する先代の久左衛門手代ら一三人すべてに暇を出し出入も差し止めたうえで、このような所業を繰り返していたのである。それゆえに、「京・大坂の事を好む物師とも」が吉兵衛に「時を得て取入、無用の金銀を費させ」、まさに「辰巳屋浮沈の時節と見へ」る状況を招いていたのである。

吉兵衛は先代久左衛門が病死した後、久左衛門に後見を頼まれたと言い触らして辰巳屋に乗り込み、曲がりなりにも孫兵衛に相続させたものの、それを無視して我が儘な振る舞いをし始めた。後の記録によれば、証文の名義書き替え、自分に反対する手代一三人の暇出し（解雇）、遊興と浪費などである。

そのために孫兵衛は実家に帰り、「中陰」や三年の法事には舞台を造って能の観賞や、歌舞伎役者などを呼んで、これまでにないような過大な振る舞いをするなど、浪費と横暴が続いていた。そのため久左衛門の手代新六や孫兵衛の親類・縁者らは、辰巳屋の相続も曖昧なままに吉兵衛の我が儘な振る舞いが続いていることを不審、不安に思い、吉兵衛が横領と同じ仕方をしているとして、訴訟することにしたのである。新六は孫兵衛が養子として辰巳屋へ入ったさいに、孫兵衛の実家唐金屋に付けられた手代である。

手代新六の告発

吉兵衛は辰巳屋のもとの手代らを追い出した後、元文四年（一七三九）二月二日には「辰巳屋吉兵衛」と名乗り、大坂町奉行所へも届け出て（『元文日録』）、「跡目相続人」として振る舞い始め、横暴・我が儘の所業を続けていた。公儀・役所へも家督相続のお礼をして、すべてを大和屋三郎左衛門に頼んで、表向きの手続きを済ましてしまった（『元文日録』『続談海』他）。

この吉兵衛の所業に対し、元文四年五月朔日、手代新六は久左衛門に付き添って、訴訟を起こした。新六は孫兵衛が唐金屋から辰巳屋に養子に入ったとき、孫兵衛の側近の手代として辰巳屋に入った。いわば孫兵衛の養育係・教育係であったが、吉兵衛に暇を出された一三人の手代の一人である。

吉兵衛が先代辰巳屋の手代一三人を解雇した理由は、これら手代が自分の我が儘を咎めたことにあった。一三人の手代らは吉兵衛が木津屋の身代を潰し、少しの文才を自慢して塾を開いて書生を集め、公儀をも憚らないような奇異な行状が多かったので、吉兵衛を辰巳屋に入れると「亡家の基」となると考えて、吉兵衛に辰巳屋の跡式を相続させないようにと、ひそかに「偽書」を作ろうとした者たちであった、と『続談海』は記している。これが露顕したために暇出しとなったが、この背景には先代久左衛門の手代らのうちに吉兵衛に内通する者がいたためである。

一三人の手代らの危惧は当たった。吉兵衛は辰巳屋の財力に任せて遊興に浸り、取り入ってくる連中に無駄な金銭を浪費させられるようになり、「辰巳屋浮沈」の瀬戸際まで来ていた。手代の内新六を中心とした七人は、暇を出された後も辰巳屋の行く末を心配して、正統な相続人の孫兵衛を中心にした訴訟を起こしたのである。

もちろん、吉兵衛も最初は後見人として辰巳屋に入り込んだという事情から、追い出した孫兵衛に代わる正統な相続人を据えて、その後見人になろうとする画策を行っていた。『翁草』によって、この経緯が記される。

吉兵衛は養子孫兵衛を追い出した後、忰の綱次郎に兄久左衛門の妾腹の娘「じう」を娶らせて、正統な相続人に仕立てようとしていた。吉兵衛の兄辰巳屋久左衛門には男子はいなかったが、「いわ」という娘がいた。いわは、辰巳屋に叔父吉兵衛が義弟孫兵衛の後見人を公言して入り込んで以後、その行状をみて「家の破滅」と嘆きながら病気を患って死んだ。その後、吉兵衛は兄の妾腹の娘と忰綱次郎を一緒にして、辰巳屋の表向きの相続人として披露したのである。

これを受けて、吉兵衛は百貫目以上の久左衛門方の貸付諸証文を「久左衛門」（孫兵衛）と吉兵衛の連名に作り直したり、または吉兵衛か綱次郎の名前に書き替えさせるなどしていた。吉兵衛は、まさに正統な後見人・相続人として振る舞っていたのである。その振る舞いとともに、遊興に耽る毎日があった。

しかも、この相続の手続きを正統化するために、大坂町奉行稲垣淡路守種信やその家来に過分の音物をし、賄品を贈っていた。これを手回しした人物が大和屋三郎右（左とも）衛門であった。手代新六らは吉兵衛のこの行状を告発し、その振る舞いを身代の横領として訴訟したのである。この訴訟が稲垣種信の閉門・知行半減と、その用人（内与力）馬場が死刑になった事件の発端であった。

訴訟の内容

新六ら七人の手代の一回目の訴訟は養子孫兵衛に付き添い、吉兵衛を相手として大坂町奉行所に出された。中心は吉兵衛の辰巳屋相続を不当とする内容であった。この訴訟では、吉兵衛の辰巳屋相続の不当性は認められなかった。訴訟の担当は大坂東町奉行稲垣種信であった。

稲垣の目には、弟吉兵衛が後見人の依頼を受けて兄久左衛門の葬式を取り仕切り、またその後の相続手続きを大和屋三郎右衛門に手配させて手抜かりなく執行しているように見えた。しかも関係者へのお礼の音物、特に東西の大坂町奉行や内与力（家来）馬場源四郎らへも過分の贈り物をしていた。それゆえに、稲垣からすれば、孫兵衛（当代久左衛門）と手代新六らの訴訟は「正当な」相続への異議申し立てと映ったのである。

しかも吉兵衛は公事訴訟の有利な裁許を頼み込んで、用人（内与力）馬場源四郎らに賄の品々を贈っていた。そのため、新六らの訴訟よりも、新六らが先代久左衛門が吉兵衛に相続させないようにと記した書き物があるとして、吉兵衛の追い出しを謀った「偽書」の件が穿鑿された。これが事実であるかどうかの確認は困難であったようで、『翁草』には「謀書の事尤六ヶ敷」と記している。

このため、証人として先代久左衛門（吉兵衛兄）の実の娘いわが辰巳屋の名代として出廷して証言した。その結果、このときの訴訟では手代新六が「牢舎」との裁許となった。新六は、養子孫兵衛（当代久左衛門）の実父唐金屋恵茂作（恵茂七とも）から付けられた手代であったことから、養子孫兵衛の相続を求めるために「偽書」を作成した首謀者と断定されたようである。これは先の久左衛門手代の内に吉兵衛に内応する者がいたことや、それに加えていわの証言が決め手となったと思われる。いわもはたして真実を言ったかどうかは疑わしい。その証拠に、新六が牢舎となり、吉兵衛にとって行動を抑制する障害物がなくなったので、さきに触れたように証文名義人の書き替えや新六に同調していた手代ら一二人に暇を出すなど行状はさらに増長したこと、いわはそれを悲しみながら病没していることから、おそらくは口裏合わせの証言を強要されたものと推測される。

一回目の訴訟は、吉兵衛の賄賂攻勢に負けた稲垣種信の裁許で、新六ら七人の手代にとっては不当な判決となった。本来の吉兵衛の相続の不当性、我が儘な振る舞い、「辰巳屋浮沈」にかかわるような行状についてはなんら追究がなかったのである。そこで、七人の手代らは改めて吉兵衛の行状を調べ上げて、江戸で出訴に及んだ。二回目の訴訟である。

二回目の訴訟は、『翁草』に「偖暇出されたる手代共ハ、件の銘を委く書調て東府へ下リ、評定所の御箱ニ入、是故ニ評定の上台聞に達し」とあることから、評定所目安箱への直訴であった。このため辰巳屋の相続争論は評定所扱いとなり、そのうえで「台聞」つまり「身分の高い人の耳」に入った。評定所のよりさらに上の人物といえば将軍吉宗であるから、その直々の命令で辰巳屋の出入が再吟味されることとなったのである。

訴状には、「件の銘を委く書調て」とあるように、一回目の訴訟での経緯が細かく記されていたと推測される。辰巳屋相続の届け出の承認やそれに伴う出入の不十分な取り調べ、的はずれの新六の入牢など、大坂町奉行稲垣種信の裁許への不満、つまり大坂の東西町奉行や与力・用人らの賄賂とそれに影響された裁許の不当性である。

このとき評定所は大岡越前守・松前安芸守・石河土佐守・安部主計頭で構成されていた。目安箱設置の仕掛人は吉宗であり、その政策を積極的に遂行した人物が町奉行大岡越前守忠相であった。享保改革の目玉の一つが広く庶民の訴えを聞くことであり、また目安箱の設置は施策実現の具体的な事例であった。これによって不当な裁許や表だっては口にできない訴えなど、自由な直訴の受け付けがされるようになった。

辰巳屋新六らはこれを活用したのである。元文五年正月五日と二月上旬の二度、評定所から大坂表に命令が下り、争論と裁許にかかわり合った者たちを江戸に呼び寄せて取り調べが始まった。

江戸への波及

新六らの江戸評定所直訴によって、争論は当代久左衛門に付き添う手代新六らと吉兵衛らとの直接的な出入に加えて、大坂の商人はもちろん江戸の商人まで含んで拡大していった。表8に示したように、関係者は五八人に及んでいるが、そのかかわりもさまざまである。久左衛門と新六らの関係者は親族が多いのに比べ、吉兵衛とのかかわりは金品からの関係が中心にあるが、この経緯を評定所の申し渡し、裁許結果から確かめてみよう。裁許が評定所において大岡越前守・松前安芸守・石河土佐守・安部主計頭立ち会いで申し渡されている

さて、幕府・評定所は大坂町奉行の不合理な裁許から起こった直訴に対して、元文五年正月五日と二月上旬に大坂へ命令を出し、辰巳屋の出入にかかわる者すべてが江戸に召喚された。正月九日付けの「申渡」では、すでに木津屋吉兵衛が入牢を申し付けられている。これは評定所で裁

許の不当性が明らかになり、五日の最初の命令で争論の原因を作った張本人を拘束したことを示している。同様に、二月の命令では大坂町奉行稲垣淡路守種信の用人馬場源四郎も拘束され、網懸駕籠に与力二人と同心四人が付き添って運ばれた。二月三日に大坂を出発し、二月一五日には「揚リ屋入」を申し渡されている。江戸到着とともに収監されたようである。

裁許は表8に示したように三月一九日に申し渡され、関係者の処分が決定した。吉兵衛は遠島、馬場は死罪となったが、その記録によると吉兵衛に関係して処分された者たちが意外と多いことに気付く。それも大坂だけでなく江戸在住の与力・同心ら侍、僧侶・家主・町医者および商人らである。これは正月五日の吉兵衛の入牢から三月一九日の裁許まで、吉兵衛の手代らが罪を軽減してもらおうと方々に画策していたことによっている。

例えば、木津屋吉兵衛の手代惣助・元助・左助の三人は主人の罪が軽くなるようにと、江戸深川八幡町の禅僧知岩と神田永井町宇田川正順に依頼して、公儀の役人に金子・反物などの賄賂を贈り、芝神明や新吉原で遊女・野郎などを呼んで振る舞ったことを咎められている。「主人吉兵衛牢舎致居候折柄」、慎むべきところを振る舞いを名目にして遊興し主人の金子を無駄に使ったことは「不法之事」であるとしている。三人はこれを理由に「重追放」となった。

また、知岩は吉兵衛の手代らから「過分之金銀」を出させ、役人の家来や吟味掛かり役人の名を出して金銀・反物を騙しとった（詐取）こと、正順もまた手代らから「金二百疋」を預かって掛り役人や与力の名を持ち出し振る舞ったなどと偽り、さらに浅草聖天町の家主喜八に頼んで水野備前守組与力福島左太夫へ罪の軽減を頼み込み、二度も新吉原で自らも一緒に遊興して、しかも礼金を過分に取ろうとしたことなどの罪で、知岩は町中引廻し獄門、正順は引廻しとなった。

これ以外にも、吉兵衛手代三人と知岩の仲立ちをした大伝馬町二丁目の家主箔（泊とも）屋勘右衛門が、吉兵衛方から辰巳屋の金子三〇両を受け取ったことと併せて江戸追放、また正順を福島左太夫と合わせた喜八は、左太夫に手代らとの面談を要請して、新吉原での遊興と手代らから過分の礼金を取ろうとしたことによって「重追放」に処せられている。

同様に、正順と吉兵衛手代らとの仲立ちをした本石町三丁目の借家人嘉兵衛が、新吉原での遊興と与力の名の書付を見せて騙そうとしたことを不届きとして「江戸払」となり、同町の家主清兵衛も手代・正順らと遊所に行き、払いは手代惣助から受け取った金子で済ませ、三〇〇両を預けたことを知りながら届けなかったことを不埒として「江戸払」となっている。

この出入に関与した江戸在住の与力・同心らは、水野備前守組与力福嶋左太夫、石河土佐守組与力藤田清兵衛・平塚伊右衛門、江戸城御本丸属従小出相模守、その息子小出右近、加納遠江守用人富樫弥助、同目付永井兵右衛門、医師の丹羽正伯である。福嶋は吉兵衛らを吟味しなければならない立場でありながら、喜八の言うがままに吉兵衛の手代らと遊所に行ったことを理由に死罪となっている。取り調べに当たる者が慎まなければならない立場をこえ、役務の「神文」（起請文）に背いたためであった。

藤田と平塚は福嶋の一件にかかわったとして「永御暇」、また小出は吉兵衛の件に関して役柄不相応のことがあったために青山大膳亮に「御預」となり、息子は父の件で行跡が良くなかったので改易となった。加納の用人富樫は「永暇」となっているが、同目付の永井は「無構」、医師の丹羽は小普請入に処せられている。

いずれも吉兵衛の手代らが主人の罪の軽減を得ようとして、吟味担当の与力やそれに影響を与えるとみられた人物に賄賂を贈り、遊所での供応をした結果のことであった。

争論の決着

新六らが評定所へ直訴し、再度吟味が始まった辰巳屋久左衛門家の相続出入は、元文五年正月九日の木津屋吉兵衛の入牢、同二月一五日には馬場源四郎の揚り屋入となって穿鑿と吟味が続けられ、三月一九日に最初の裁許が出された。

同日付けの「申渡」によれば、吉兵衛は遠島、馬場は死罪であった。吉兵衛の裁許理由は、辰巳屋への入り込み、証文もないのに後見者を名乗ったこと、町奉行への音物・賄物、辰巳屋の身代の我が儘な取り計らい、訴訟にかかわった手代六人の暇出し（解雇）、新六らが出訴後に久左衛門（養子孫兵衛）を座敷牢に押し込めたこと、重病になったいわを見捨てたこと、京都で遊興に耽ったこと、いわの病死後に息子綱次郎へ相続させようといわの妹じうと娶せたこと、先代久左衛門の貸し付けた一〇〇貫目以上の証文の恣意的な書き替えなど、辰巳屋の相続や身代の浪費と、あげくには養子孫兵衛を実家に追い返し、辰巳屋の家督を横領しようとしたことであった。

簡単にいえば、その罪科の根元は辰巳屋の乗っ取りを謀ったことにあった。そのためにこそ、久左衛門（養子孫兵衛）と新六ら七人の手代が訴訟したときに、穿鑿と吟味を有利にすることを意図して、稲垣種信の用人馬場源四郎に近づき賄賂攻勢を仕掛けたのである。馬場は吉兵衛との茶屋・遊所での遊興、辰巳屋の後見についても主人稲垣に吉兵衛の意を受けて進言し、種々の音物・贈り物を稲垣やその家老・用人らに贈られたときにも、稲垣が一部だけを受け取って返すようにと指示したが、馬場だけはその指示に反してすべて受け取っていた。その他、馬場は息子への金拵えの脇差を受け取ったり、湯治に行く際の路金五〇両の無心をしたりしたことなどが死罪処分の理由であった。

三月一九日の申し渡しの後、争論にかかわった他の者たちへも四月六日に評定所から裁許が出された。その一覧は表8に示している。咎めを受けた者たちをみると、商売仲間からの関係では大坂中之島の大和屋惣(忠)右衛門・三郎左衛門が五〇日の戸〆、つまり外出禁止・営業停止処分となり、その手代一人と家守一人が「急度叱り」、ほかの手代五人は構い無し(「無構」)であった。三郎左衛門は『続談海』では、養子孫兵衛の実父と記されているが、これは誤りであろう。『翁草』の記すように、実は吉兵衛の懇意な人物で、辰巳屋の後見や相続を画策したときに、大坂町奉行や与力らに手を廻して便宜を図っていた。それでも吉兵衛のやり方は目に余っていたと見えて、吉兵衛が帯刀し武士の格好をして京から帰り大坂へ入ろうとした際には、それを咎めて町人の姿に変えさせたとする記事もみえる。

吉兵衛の手代らは、その策略に積極的に加担したとみられる惣助・元助・左助三人が重追放、江戸での処罰者はこれら手代らの画策に加担した度合いに応じて処罰されている(表8)。そのほかも重追放、江戸払が多く、有罪としても重いようである。

与力・同心らも処罰を受けた者がいるが、馬場以外で死罪になった与力に水野備前守組与力福嶋左太夫がいる。これは吉兵衛吟味担当の役目にありながら、吉兵衛手代らの供応を受けたことに対して、中立の立場を忘れて一方の側に加担した行動であるとみられたからであろう。

また吉兵衛の住んでいた町の年寄や月行事も、入牢・「急度叱り」という軽い罪ではあるが処罰されている。辰巳屋の親類たちも入牢はしているが、処罰は構い無しという無罪の裁許を受けている。これらはいずれも罪科は軽微か無罪放免で、咎めは監督の不行き届きか吉兵衛を諫められなかったことにあったようである。防げた争論をただ傍観していた、手立てを講じなかったことを問われたといえよう。

いずれにしても、決着は養子孫兵衛こと久左衛門には、なんら罪はなく、家督の相続が認められ、暇を出された手代らを呼び戻して勝手次第に「家督名前等」を継ぎ、商売を継続していくことが認められたのである。

二　首討足軽「御暇」一件

1　首討足軽安田八十八

首討足軽

大坂町奉行所に「首討足軽」と呼ばれる首打人がいた。安田八十八という人物である。首討足軽とは、その名の通り死罪と決まった犯罪人の斬罪を執行する役目にあった。首討足軽にまつわる説話の記録は、今のところ明和二年（一七六五）一二月の「西御役所附首討足軽長屋替一件書留」（以下『長屋一件書留』、神戸市立博物館蔵、大阪市史史料第四十三輯『大坂町奉行所与力・同心勤方記録』に収録）にみられるだけである。これは大坂東町奉行所与力八田五郎左衛門が残した記録のなかにあり、安田八十八の取り調べとその裁許結果の記録である。これによれば、首討足軽は大坂町奉行所勘定方に所属していた。この時まで、八十八の勤務年数は一五年になっていた。

大坂町奉行所に関する記録には、『手鑑・手鑑拾遺』『大坂町奉行管内要覧』あるいは『大坂町奉行所旧記』（いずれも大阪市史史料輯に収録）など職務教則本、与力が残した勤務や裁許に類する事例が多いが、そこに「首討足軽」と呼ばれるような職務が記された事例は、この明和二年の記録にしか見出せない。その意味では首討足軽そのものが大坂町奉行所の定制の職務ではなく、まして勘定方の定制ではなかったと推測される。ただ記録によれば、八十八は一五年、また八十八の前にも同じ首討足軽がおり、その跡役として八十八が召し抱えられたとある。明和二年から一五年前といえば寛延三年（一七五〇）に相当し、前任者も同じくらい勤めていたとすれば享保末年（一七三六）まで遡れる。西町奉行所では少なくとも享保年間以降、この明和二年に至るまで専属の斬罪執行人がいたとみられる。

さて足軽安田八十八は西町御役所付、勘定方所属であったが、問題は首討足軽の何が原因となって、このような記録が残されたのかである。一言で言えば、足軽に不相応な生活ぶりを大坂東町奉行が咎め、「暇」を遣わした（解雇）からである。記録によれば、事件の発端は足軽安田が奉行や与力の目に余るほどの身分不相応な暮らしぶりと立ち振る舞いをしていたことで、それが足軽には分不相応である「科」に問われ、取り調べを受けたことにあった。安田は取り調べの後、結局は役職を解かれた。八田の残した留書は、安田に対する調書と裁許から成り、明和二年一二月五日に始まり一三日に終わっている。直接の担当者は西町奉行所勘定方の杉浦兵左衛門・古屋甚兵衛であった。記録の署名者もこの二人である。

時期的には、ちょうど大坂西町奉行興津能登守忠通が免職されて、新任の曲淵甲斐守景衡に替わる時である。取り調べは西町奉行所の与力で、御勘定方の杉浦兵左衛門と古屋甚兵衛、それに東町与力の牧野金左衛門の三人であった。このときの東町奉行は鵜殿出雲守長逵である。事件の発端も、鵜殿が新任の西町奉行赴任前に一時期両奉行所を支配することとなったために、西町奉行屋敷の巡見を行ったことにあった。そのとき安田の居住長屋に、鵜殿が身分不相応な暮らしぶりを見て、許し難いこととして調査を命じたことにあった。

大坂町奉行所に首討足軽がいたことはほとんど知られていない。奉行所の正規の職名ではないようで、その職名もおそらくはここにみるような事件でもないかぎり記録に残ることはなかったであろう。しかし、記録には「八十八先役本馬鞍右衛門与申首討足軽」という記述があり、本馬に不埒なことがあったため暇が出され、その跡役に安田八十八が召し抱えられたとあることから、西町奉行所に死罪執行の足軽として雇われていたと推測される。

いずれにしろ結果的には安田は免職となったが、その経緯を検討すると、大坂町奉行所内での与力・同心らの勤務の実態を探る契機の一つとなっていることがみえてくる。

「様シもの役」同心

具体的な検討に入る前に、大坂町奉行所での死罪の執行方法について確かめておきたい。一般に大坂町奉行所での斬罪は、同心やその手下が執行していた。「様《ため》シもの役」同心とその配下である。『三ヶ条大下書』（大阪市史史料第四十三輯『大坂町奉行所与力・同心勤方記録』に収録）と題された記録には、その概要と手順が記されている。これには「盗賊召捕振」「吟味振」「御仕置振」の項目に分けて、さまざまな犯罪の捕縛や拘束・拘置・取り調べ・罰則・裁許などの仕方がまとめられている。

このうち獄門・打首については「御仕置振」のなかにみられる。それによると、死罪と決まった罪人は大坂町奉行所内の御仕置場で斬罪に処された。牢屋敷内の空き地に仕切りを作り、周囲から見えないようにして執行された。このとき一般の罪人と御家人とでは首討役が異なっていた。執行場所は同じ牢屋敷内の空き地であるが、一般の罪人は担当役人が首を打ち、検使与力の見届けを受けたうえで仕置の完了を大坂町奉行に報告することとなっていた。

この時の担当者は同心の配下にいた者で、記録には大坂町奉行支配所に含まれる役人村の者であったとある。これに対し御家人の罪人は同心が執行した。記録には「御家人死罪之儀者様シもの役同心首を刎」るとある。その後の対処は一般の斬罪と同じである。

一般の死罪を同心配下の者が執行したとすると、相当の剣の使い手であったと推測される。しかしこれらは足軽とは表記されていないから、さきの「首討足軽」安田八十八の存在が極めて珍しい、また興味ある存在であったことも強調されることとなる。

死罪人の死骸処理は月正島（木津川口の中島）の空き地に運ばれ「取捨」られた。月正島には、死罪に限らず追放以上の牢舎人が牢死した死骸、相対死した後の取り捨てとなった死骸などが運ばれていた。これらの死骸はいずれも一般的に「様シもの」にされた後に取り片付けることとなっていた。御家人のそれについては「様シ」の対象からは除外されていたが、ここに「様シもの役」のもう一つの役目があった。武家・侍にとっては、ひょっとするとこちらの方が重要であったかもしれない。

「様シもの役」とは死骸を「様シ」（試し）切りにする役の者のことで、新しい刀を用いて、その切れ味を試すことである。同心のなかでも相当の剣の使い手が任命されていたと推測される。

史料には、事前に武家の刀・脇差・鎗身を預かって、試し切りを行っていたことが記される。

且又様シもの之儀者兼而様シもの役之同心相極り有之、死罪御仕置もの有之候度毎牢屋敷江出役いたし、死骸穢多共ニ致差図為取捨、様シもの致稽古、勿論右稽古道具ハ兼而相渡置有之候得共、武家方所持之刀・脇差・鎗身等試所望有之候得者様シもの役同心預り、望之通夫々致様シ候儀も有之候事、

試しを所望する武家の刀・脇差・鎗身などを試し役の同心が、死罪になった罪人を対象に試し切りを行っていた。試し切りの刀などは事前に預かっていたのであろうが、それ以外にも急遽試し切りを望む者もいたようである。「試所望有之候得者」「望之通夫々致様シ候儀も有之候事」とあるのはそのことを指している。

「様シもの役」の同心は、処刑は御家人つまり侍の場合だけを担当していた。それ以外の者は同心配下の者が執行していた。首討足軽はまさにこの斬罪の執行官として雇われていた。また足軽として召し抱えられたとされているので、待遇は同心並であったと推測される。さきに触れたように、安田八十八はまさにそれであったが、先役もいたことから「様シもの役」同心の代わりを勤め、西町奉行所専属の死罪執行専門官として継続的に置かれていたといえよう。

東町奉行の西御役所見分

明和二年（一七六五）一二月四日、東町奉行鵜殿出雲守は西役所・奉行役宅を巡見した。付き添った与力には、記録からみると、東町の与力牧野金左衛門と西町の与力古屋甚兵衛らがいたと

みられる。これは出雲守が西町奉行の赴任に合わせて、不在時の責任者としての巡見であった。この年、西町奉行興津能登守は同年一一月一九日に罷免されて小普請組入りとなっている。『実紀』には同年一一月一九日の条に、興津忠通が大坂城門の管理におろそかな計らいがあったことを理由に罷免されたことが記されている。大坂城門の出入の管理とは、大坂城内の台所関係から城内の軍事的備品などさまざまな備品、各所の修理、新規の普請などに関係する出入り商人・業者、町方の惣年寄、城代・定番・加番などの勤務交代やその関係者の出入などの監視・確認である。出入する者はすべて城門の出入につねに「札」を提示し、城門の役人はそれを確認して入城を許可する方式であった。興津忠通はこの取り扱いと管理に不手際があったようである。

この跡役が曲淵甲斐守景衡である。鵜殿の責務はその赴任までの西町役所の管理であり、そのための巡見であった。異例のことといえよう。大坂町奉行は不定期ではあるが、東西ともに交代を繰り返して徳川政権の終焉まで続いた。その交代時には、新任の奉行と与力・同心との対面、与力・同心からの職務に関する誓詞の提出、あるいは奉行勤務の教則本が差し出され、それと並行して奉行の巡見があった。

大坂町奉行交代時の巡見は、新任奉行に限らず与力・同心が案内と供に付いた。他所の見分と地廻り・他所見分の違いで、若干の違いがあったが、与力一人と同心二人が付き添うことは変わりがなかった。明和二年の曲淵甲斐守景衡赴任が決定したさいに、その迎え方・巡見などの対処法について問い合わせた「御聞合ヶ条書」によると、川役与力が案内に出るときは、川役与力以外に同心二人が付き添っていた。

「御聞合ヶ条書」は、川役が案内に出るときに連れて行く同心の内訳について問い合わせているが、その同心らは下役の同心一人と番方同心一人の二人とするのか、または二人とも番方同心とするべきかと尋ねているが、供として付き添っていた同心が二人であったことは確かである。また奉行が乗物で出かける場合の付き添い方を問い合わせている。同心らは乗物の脇に付く中小姓らの後に歩くのか先に歩くのかと尋ねているが、細かい手順は別にして、これも与力と同心の供が付き添っていたことを裏付けている。

明和二年一二月四日の巡見は、市中の巡見ではなく西町役所と役宅の見分であった。この手順・人員の配置は与力・同心の基本手順にはない。西町奉行が不在であるから、その家老・用人などの家来もいない。したがって役所内の案内は西町奉行所の与力か同心ということになるが、このとき奉行役宅、特に勝手向き（私的居宅部分）、つまり表向き（役所の公的部分）の職務ではなく勝手向きの職務に精通している与力・同心はいなかったようである。勝手向きの各所を案内できた人物は西町奉行所付の足軽だけであった。それが安田八十八である。

西町奉行所も、基本的にはさきにみた東町奉行所の平面図と同じ建物群の配置であったとみられる。そこで、それを参照しながら見ていくと、表向き（役所）と勝手向き（奉行役宅、私宅部分）の区別があるが、同じ配置とすると東町奉行鵜殿の見分は表向きよりも勝手向きを中心にしていたと考えられる。奉行の私宅部分とは離れて、奉行所役宅の一番外側塀沿いに奉行家来の長屋が並び、通路の空き地を挟んで内側に「大部屋」棟がある。ここに足軽階層の「部屋」があったとみられる。奉行鵜殿はこれらを順次見分したのである。

奉行鵜殿がみた八十八

この巡見のとき、八十八の居宅いわゆる長屋が鵜殿出雲守の目に留まった。八十八はまた西役所内の奉行私宅部分、台所、家来長屋、足軽部屋などの案内にも先に立った。鵜殿は、与力または同心の役目であった案内役に立ち、身形も足軽らしくない服装をしていた八十八に、最初から違和感を感じていたようである。それが奉行家来の長屋や足軽部屋の見分で頂点に達した。

「長屋」は足軽の住居にしては「身分不相応」な豪華さであった。記録には「惣躰宜相見江、足軽躰ニ者不相応之長屋ニ候」（『長屋一件書留』）と表現される長屋の外観である。これは、それまでの案内役としての身形・出で立ち、行動様式から醸成されていた奉行鵜殿の感情が弾けたことを示している。

八十八が追究された直接の原因は、足軽には不相応な長屋であるが、『長屋一件書留』によれば、「長屋」のほかに奉行鵜殿が見分したときの八十八の「行状」、出で立ちもその原因であった。

長屋は、その分不相応な外観とともに、足軽が入ってはいけない長屋に居住していたことが重要であろう。記録には、「足軽躰相応与申儀ニ候得者、惣足軽部屋ニ被差置候儀ニ候得共」とあり、本来は足軽は惣足軽部屋に入ることが原則であったのである。八十八はその原則にも違反していた。外観の派手さよりも、足軽の身分で長屋そのものに居住してはいけなかったのである。そのうえおそらくは、奉行家来衆が入る長屋に居住していたのであろう。それは、後にみるように、八十八が首討足軽として雇い入れられた時の前任者とのいきさつによっていたことと、すでにこの時点で妻子持ちとなっていたこととにあったが、このことも奉行鵜殿の感情を害していたと考えられる。

それに加えて、見分の際には足軽の身分にもかかわらず、あたかも与力・同心か奉行の家来であるかのように振る舞っていたことにあろう。その一つが不相応に良い衣類を着ていたことであった。記録には「不相応宜衣類着」とある。もう一つが案内役として奉行の先に立っていたことである。記録には「為御案内御先江相立候」とある。足軽が奉行より先に歩いて案内するなど、大身の旗本である奉行鵜殿には見逃すことはできなかったといえよう。いずれにしても、八十八が奉行見分の際にとった行状は足軽のとるべき行動ではなかったのである。まさに「是等之儀足軽躰ニ者有之間敷事」であった。

これらが下敷きとなって、奉行鵜殿が見分の最後に不快に感じたことが八十八の長屋の外観であった。足軽には不相応な長屋に足軽が居住し、そのうえ長屋の周りを改造していた。したがって、まずは足軽が住むべき居宅への転居を命じたのである。奉行鵜殿は、八十八の首討足軽としての雇い入れや長屋居住のいきさつはあったにしても、あくまでも足軽として取り扱うことを優先していた。それゆえに、「足軽躰」に相応の衣類、行動様式、居宅が求められたのである。

奉行鵜殿が、なぜに長屋の転居を命じたかといえば、足軽であるのに足軽と異なった待遇を与えられていたことを是正するためであったといえよう。しかもその待遇を西町の与力・同心が大きな違和感なく、当然のこととして認める状況にあった。与力らは「様シもの役」の職務を肩代わりする首討足軽であって、単なる足軽ではなく与力ないし同心に近い位置にあるとみていた。鵜殿はこれを問題視したのである。

八十八の待遇の背後には、興津能登守が罷免されて小普請組入りとなったことと関係があると推測される。

興津の事件に至るまで大坂町奉行所では奉行の不祥事が頻繁に起きた。さきに触れた元文五年（一七四〇）の東町奉行稲垣淡路守種信の罷免、それに連座した西町奉行佐々美濃守成意、宝暦七年（一七五七）に収賄で罷免された東町の細井安芸守勝為と西町の桜井丹後守政甫、それに興津である。西町奉行としては二代続いて起きたことになる。鵜殿がこれらの事件を意識していなかったとはいえない。

おろそかな勤務による奉行の交代であったから、鵜殿は特に規定や定式に違反するような所業が見逃せなかったのであろう。しかも首討足軽でありながら身分不相応な長屋の構えに、鵜殿が西町奉行興津と安田の特別な関係を類推したとしても不思議はない。後にみるように、鵜殿は首討足軽安田の処遇には、早くから疑問を抱いていたようである。

2　安田八十八居宅とその調査・取調

八十八の居宅

首討足軽の居宅は長屋であった。原則的に長屋には玄関は付けられていない。安田は長屋に名札を掛け、周りを繕って長屋としては異様な形状になっていた。本人のみならず息子の八十七も長屋札を所持していた。奉行鵜殿は、まだ見習いの身分でもないのに、なぜに一人前に長屋札を所持しているのかを、見分の際に牧野金左衛門・古屋甚兵衛に問いかけていた。しかも足軽は足軽部屋が相当であるのに、長屋に居住していた。

記録によれば、八十八の居宅はさきの西町奉行興津能登守忠通が在勤中から他の長屋とは異なっていたが、興津が承知のうえでそのままにさせていたようである。そのため東町の鵜殿も、興津が在勤中は遠慮して見逃していたと回顧している。

ところがその興津が勤めの不十分さを理由に罷免された。そのために、新任の西町奉行が着任するまで、鵜殿が両奉行所を一時管理する責任を負ったことから、八十八の処遇を見逃すことができなかったのである。新任の西町奉行着任までに事態を処理することを意図して、まず手始めに長屋の転居を命じたのである。記録からみると、鵜殿は最初から長屋の転居を理由にして、首討足軽安田の免職を考えていたようである。

安田の長屋の取調は一二月五日から始まった。巡見の翌日である。担当は西町奉行所与力で勘定方杉浦兵左衛門と古屋甚兵衛、それに東町の牧野金左衛門であった。記録によると、安田の長屋は広さも造りも驚くほどではない。六畳敷の部屋、押入付きではあるが天井はなし、これに土間と表入口、それに庭という構造であった。ここに妻子とも三人で暮らしていた。その間取りからすれば、取り立てて咎められるような住居ではなかった。ただ、足軽は足軽部屋に入ることが原則であり、長屋といえども土間・庭付きの居宅に住むべきではなかったのである。しかも八十八は一五年も勤めていたから、長屋は外周りもかなり繕われて他の長屋とは異なっていた。

さらに一二月五日の調査で明らかになったことは、家内に「諸道具」が多かったことであった。おそらくは茶器・酒器、掛軸、骨董品、屏風・衝立・家具など、直接日常には必要のない高価な道具類を所持していたのであろう。一二月六日の記録には、諸道具のなかには「格別結構成品も有之」とあり、骨董的価値を持った品物も多く所持していたとみられる。

そのうえに、足軽には不必要と思われる「長刀二振」「鑓一筋」などが部屋に置かれていたようである。六日の記録には、鑓一筋・長刀一振・小長刀一振があったことと、またその拵えが銀細工などの豪華な造りとなっていたことも書き添えられている。調査の結果、鑓・刀は足軽には不相応な武具としてすべて取り上げられ、西町奉行所の土蔵へ保管されたとある。

安田は足軽の身分には不似合いの品物を多く所持していたが、東町奉行が巡見で見咎めたのは案内役に立ったその身形と振る舞いであり、長屋の外見と転居はそれらを理由に安田を首討足軽から追放する、誰にもでも分かり易いきっかけであった。記録には、安田が元の長屋を自ら修復していたが、奉行鵜殿のねらいはその解職であった。そのために、何よりも足軽は長屋に入居できないという原則の遵守を強調したのである。

転居長屋の選定

さきに触れたように、安田八十八の取調は一二月五日から始まった。直接の担当は西町奉行勘定方与力杉浦兵左衛門と古屋甚兵衛であった。調査とその報告は鵜殿出雲守の家老宮内藤吾から古屋らに命じられたが、これは死罪の執行があるときだけは首討足軽が勘定方支配に属していたからである。そのために安田八十八の調査も勘定方が担当したのである。

調査の指示を受けた古屋・杉浦は、調査の目的が安田八十八を足軽に不相応な長屋から足軽に相応した長屋に転居させることであると、単純に考えていたようである。したがって、その第一の仕事は転居先の長屋の見立てにあった。最初の報告は見立てた長屋の例示が中心で、見立ての後、西町役宅の預り掛りであった西町同心支配・御普請役、また東町の同心支配・御普請役も立ち会って相応・不相応の判断をすることを確認している。

一二月五日の取調では、まず東組の御屋敷預り役牧野金左衛門、御普請役仮役工藤小左衛門、西組の古屋甚兵衛・葛山甚五郎、勘定方杉浦から安田八十八に鵜殿出雲守の申し渡しが伝えられた。その後七人が立ち会いのうえで八十八の長屋の外観を査検し、それに見合う長屋選定の経緯と概要を記している。

それによると、候補の長屋は二軒あった。八十八は足軽であるが妻子持ちであったため、足軽部屋ではなく、家族が住める広さの長屋が探された。最初は八十八が居住している長屋の北隣の長屋が検討されたが、これは部屋数が多く足軽には不相応であるとして却下されている。そのうえで第一の候補となった長屋は、天井無しの六畳半に押入付き、土間が一間に一間半（三畳の広さ）で、これも八十八の長屋の北側にあった。第二の候補は西隣の長屋で、都合一二畳敷、土間・庭付きであった。

古屋と杉浦および牧野は、これら二軒の長屋の墨引の絵図を付けて、家老宮内藤吾に調査結果として差し出した。二軒のうち、古屋らは八十八に一二畳敷の長屋を与えたいと提言した。報告は、まず「足軽躰」に相応の居宅といえば本来は「惣足軽部屋」に入るべきであることを確認したうえで、一二畳敷の長屋を与えたいとした理由をあげている。

その理由の一つは、八十八が雇い入れられた経緯にあった。八十八は先役本馬鞍右衛門の跡役として、本来の足軽の仕事ではなく最初から首討足軽として召し抱えられたこと、足軽のほかその仕事も勤めているから、他の足軽と同じようには扱えないことであった。これは先役本馬が首討足軽として不適切な所業があって「暇」を出された（解雇）ので、その跡役八十八に本馬が居住していた長屋を与えていたことに始まっている。これらからすると、与力・同心も首討足軽は他の足軽とは異なった役務であったことを認めていたといえよう。暗黙の了解である。

二つには、足軽ではあるが、首討足軽として召し抱えられた経緯も含めて、すでに妻子持ちであったということである。妻子持ちであるから六畳半までの長屋では暮らしがたい、このために、一二畳で天井付き「弐夕間」（二部屋）の長屋を推している。しかも、足軽に天井付きの長屋は不相応であるが、一二畳敷長屋の天井はもともと長屋二つを一つにしたもので、天井も正規の付け方ではないので、この長屋を与えても差し支えないことが強調されている。

ここには八十八の職務の特異さ、召し抱えの経緯、おそらくは首討足軽として「様シもの役」同心と同じ職務をこなし、足軽でありながら足軽の職務を勤めていなかったと推測できる日常があったことがうかがえる。少なくとも他の与力・同心らも八十八を足軽と見ていなかったのではないかと考えられる。それだからこそ古屋らも、少なくともこれまでと同じ広さの長屋を与えるべきであり、そのうえ妻子持ちであったことも考慮して同心に近い扱いを求めたといえよう。

これに対し、宮内藤吾は八十八の職務や妻子持ちであることなど委細を承知したうえで、六畳半敷の長屋を与えるようにとの回答を示している。その理由に、「八十八儀是迄段々頭上江上り候儀ニ候故」として、八十八が段々と思い上がってきて、その行状が尊大になっていることをあげている。そのために六畳半敷の長屋を与え、住居し難いといって「暇」を願えばその通りにせよということが東町奉行の「思召」であると強調している。

八十八の「頭上江上」ということの表れは、調査に入った勘定方の与力らが長屋に刀・鑓のほか「諸道具」が多く、足軽の居宅のようには見えなかったという記録に示されている。ともかく古屋・杉浦・牧野はこの回答をもって、明日（一二月六日）に八十八へ伝えることを確認して、東町屋敷を引き取っている。この回答をみると、東町奉行鵜殿出雲守が安田八十八を最初から追放する意図のもとに、あえて狭い長屋に転居を強要して自分から暇乞いをするように仕向けていたことは明らかである。

長屋引替

一二月六日、古屋らは朝の内に東町役所へ出向いた。そこで宮内藤吾から前日の報告にあった、八十八の鑓・刀を早急に取り上げるようにと言い付けられた。理由は足軽に不相応な持ち物であったこと、また「格別結構」な品も取り上げるようにと言い渡されている。

これを受けて、牧野・杉浦・古屋と工藤・葛山が八十八の長屋を受け取り、同時に八十八を呼び出して牧野・杉浦・古屋立ち会いのうえで長屋の転居を申し渡し、さきに宮内から指示のあった六畳半敷の長屋を与える旨と、そこへの早急な転宅を要求した。また鑓・刀・小刀も取り上げ、西町役所の土蔵へ収納した。

これに対して八十八は、六日中に引越を済ませたいと思っているが、何かと仕舞いをしているうちにすでに日も暮れかかり、できなくなってしまったので、引越は明日まで猶予してほしいと申し出た。この申し出に、立ち会いの三人は引越の準備の様子を点検し、転居先の長屋は荒れており、この片付けも手間取ること、また元の長屋も部屋の片付け・掃除などに手間取っていることを見届けた。そのうえで相談した後、杉浦が東役所に出向き、宮内藤吾へそれぞれについてその状況を届け出て、その指図を受けることを申し述べている。宮内はこれらを了承し、引越・長屋引き渡しは一二月七日となった。

一二月七日、杉浦は御用日であったので、東町役所へ詰め公事訴訟を処理した後、西町役所へ出向いた。八十八の長屋引き払い見届けのために古屋・牧野・杉浦三人が立ち会った。すでに元の長屋は引き払われていた。三人は八十八が引き払った跡を点検し、何らの不都合もなかったので長屋を受け取り、東町役所へ長屋の引替が終了した旨を宮内藤吾を通じて東町奉行へ届けたようである。

長屋の転居、引替は滞りなく終わった。三人は八十八の処分はこれで終わったものと考えていた。さきにも触れたように、取調を担当した三人は八十八に一二畳敷の長屋を提供しようと考えていた。それは八十八が妻子持ちであり、六畳半敷の長屋では暮らしがたいと考えていたからであった。それは東町奉行鵜殿の趣意とは反していた。三人の提案を受けた家老の宮内藤吾は一二畳敷への転宅を却下した。それは、あくまでも足軽に相応の長屋が原則であること、たまたま妻子持ちということを考慮して六畳半敷の長屋への転居を認めたことを強調していた。

そのうえで、宮内は八十八が六畳半敷の長屋転居を嫌がって暇乞いを願い出てくれれば、その願通りに処理するようにというのが東町奉行の意向であることを確認していた。出雲守は最初から八十八を解職する予定であった。長屋の引替も、いわば嫌がらせの転居命令であったといえそうである。

3　その後の顛末

安田「不慎之儀」書付

転居が終了した一二月七日、家老宮内藤吾から杉浦と古屋二人に対して新たな申し渡しがあった。それは安田八十八の行状について、何か考えていることがあればそれを書付にして差し出すようにということであった。これは二人には突然のことであったようであるが、出雲守からすれば、最初から八十八の免職が目的であったから予定の指示であった。

このことを言い渡された二人は書付を作成することを承知して東町屋敷を引き取った。そのとき言い渡された内容は、記録によると、

　安田八十八儀是迄段々不慎之儀共有之候、支配之事故此方共者此上如何存居候哉、存寄之趣書付を以申上候様被仰聞奉承知、得与相考可申上旨御請申上置候事、

とある。「不慎之儀共有之」とあるが、これを「慎まざる之儀」と読めば、八十八には周りの者からすれば足軽身分としては不釣り合いな不謹慎な行動があったこと、また「不慎之儀」つまり不審の儀と読めば、役所の者とは違った何か不自然な不審な行動があったこと、と解釈できる。いずれの解釈にしろ、八十八の行状に足軽あるいは首討足軽、または「様シもの役」同心としての勤めとは異なった印象を与える何かがあったようである。しかもさきの西町奉行興津忠通がそれを見逃していた。興津は大坂城門の管理の落ち度を咎められ免職となっていた。城門の管理

は大坂城内出入りの業者・商人への許可「札」の供与と関連しており、何らかの不正があったとみてよい。まさにおろそかな勤務の責めを問われたのである。

その西町奉行の下での首討足軽である。八十八は足軽といいながら足軽以上の扱いを受けており、身分や職分の区分、その定制の破綻をもたらすような行状が目に余っていたようである。長屋の改造、格別結構な諸道具、足軽には不似合いの刀剣・鐔などがそれである。それらを調えるには、金銀や人間関係また職務からの役得が大きな基盤となっていたと考えられる。それらを東町奉行鵜殿は西町奉行在任中には遠慮して見逃していたが、その実態や異様な関係を見抜いていたのではないかと推測される。

「書付」の内容

家老の宮内は奉行鵜殿の意向を受けて、八十八の支配方である西町役所勘定方の古屋と杉浦に、これまでの勤め方で何か思い当たることや考えていることがあれば、書付にして差し出せと指示したのである。二人は「存寄之趣」を得と考えて差し出すことを承知して引き取っている。これについて、二人は「書付之儀同役彼是致評議候事」と記しているように、与力同役の間で八十八についてかれこれと評議したとしている。

評議をした結果、杉浦と古屋は一二月八日から一三日にかけて、「存寄書付」を差し出した。一一日は出されていないが、いずれも同じ内容の記事がより細かくなって、一〇日に東町奉行が書付を受け取り、一三日に勘定方責任者としての「窺」が提出されて一件落着となっている。

最初の書付は一二月八日に提出された。その書付「安田八十八儀ニ付申上候書付」には、杉浦と古屋の連名で安田に関する調査とその結果がまとめられている。

その内容をみると、一つには足軽不相応の長屋と相応の長屋への引越であるが、その原因を八十八が一五年の勤務で長屋周りのことを見覚え、また役所の慣例にも馴れすぎて、少しでも良い品物を集めようとするようになっていたことにあったとしている。また二つには、奉行所内のことや職務に馴れすぎていたために、御奉行の交代時には自分が御屋敷案内などと心得違いをしていたこと、勝手向き（奉行役宅内）のことを第一に考え、表向きの職務を疎んじるようになっていたこと、にあったとしている。

このような八十八の行動と勤務の疎《うとんじ》に対して「厳敷叱り置」くこと、今後は身分に背かないように、また勤務なども疎んじないように申し渡し、背くことがあれば報告するとまとめている。この時点では、二人ともこれで落着すると見ていたようである。宮内藤吾もこの書付を受取り、奉行に報告することを示唆している。

ところが、翌日九日にはこの書付に対して、宮内藤吾から奉行は「厳敷叱り置」だけでは不十分である旨の意向が出されたことを伝えてきた。それは奉行が安田八十八の身分不相応な身形や行状、刀剣類の所持などについて叱り置くだけでは行き届かない処置であるとして、「暇」を遣わすことが妥当であるという裁許を指示していたからである。

記録には、「叱り置候迄ニ而者行届申間敷と出雲守思召候」とある。その理由は、出雲守が東西御屋敷を見分した際に八十八が不相応な衣類を身につけていたこと、御案内として奉行の先に立っていたこと、などにあった。これらが足軽には有ってはならない立ち振る舞いであるとして、「御暇」を遣わすべきであるというのが奉行の意向であった。まさに、一五年の勤務で「身分頭上」増長し、役所内部の勝手向きに精通し、屋敷内のことを知りすぎていたのである。八十八は同じ行動を奉行交代ごとに繰り返していたと推測される。

これは二人の裁許の否定であった。それゆえにこそ、宮内は二人に書付の再提出と、不十分な裁許に対する「御勘定方御伺書」の差し出しを求めたのである。これも奉行の意向であった。

八十八一件の落着

東町奉行の意向は八十八の追放であった。勘定方の二人はその意図を汲めなかった。それゆえに、八十八への裁許も叱り置くだけという中途半端なところにとどまった。裁許の不十分さに対して、奉行は二人に再度勘定方の伺い書を出すようにとの指示を出した。

奉行鵜殿からみれば、長屋の改修、刀剣類の所持、諸道具類は取り上げることで解決しても、問題は、足軽程度の収入でなぜに奉行の目に留まるような足軽に不相応な品物や、表札を付けた居宅を維持できていたのかは解決できなかったのである。同心の給与は一〇両三人扶持であった。たとえ同心であっても、たしかに二〇〇坪の屋敷を与えられ、そこに貸間を作り、家賃をとって生活の足しにしていたという事実はあっても、本来の収入だけでは裕福な生活が維持できたとはいえないからである。

同心でもなく、また正規の大坂町奉行所の吏員でもない足軽であった安田八十八は、どこからその糧を得ていたのか、諸道具の多さも含めて、その資金をどこで得ていたのか、である。東町奉行ならずとも気になるところである。推測するに、この要因の一つには「様シもの役」同心が執行していた試し切りへの武家方の返礼があったといえよう。一般の死罪は同心配下の者が執行し、「様シもの役」同心は御家人だけを執行していた。そのうえ「様シ」は同心が執行する。これを西町奉行所では「様シもの役」同心に代わり首討足軽が行っていたとみられる。少なくとも安田は首討足軽を一五年間続けており、前任者からの引き継ぎであったことを考えると、西町奉行所では「定制」に近い職務であったと見られる。それゆえにこそ、杉浦も古屋も安田の処置は長屋の転居で終わると考えていたのである。

安田が「様シ」毎に武家方から返礼を受けていた事実は確かめられない。しかし奉行鵜殿は西町奉行の不祥事や東町奉行細井勝為らの収賄事件の背景を推察したとき、大坂町奉行所を取り巻く情況から、足軽が与力・同心のように振る舞い、身分や職務の原則を曖昧にしている原因とみたのであろう。またそれゆえに同心の代役で「様シ」役を請け負い、そこで過分の返礼を受けていたと考えたとしても不思議はない。しかもその実態を追究すると、西町奉行興津が罷免された職務の不手際を公のもとに曝し、さらには旗本出身の大坂町奉行らの相次ぐ不祥事の上塗りに結果するおそれがあるとみたのであろう。

これらを考えあわせると、事を穏便に終わらせるには安田の「暇」（解雇）しかなかったのである。奉行鵜殿は、杉浦・古屋が一二畳敷の長屋を提示したのに対し、非人情的な措置と思えるような六畳半敷長屋への転居を指示したが、それは安田がその処置に不満を言い、それに絶えかねて自ら「暇乞い」をするだろうと考えていたからのようである。

ところが鵜殿の思惑とは別に、安田は不平も不満も言うことなく転居を滞りなく済ませた。刀剣・鑓、諸道具の取り上げに対しても、何の反論もなかった。それゆえに、さきに触れたように、杉浦・古屋が転居の完了と行動に対し「厳敷叱り置」いたと報告したことに対し、鵜殿は叱り置くだけでは不十分であるとして、見分時の着衣や行動を持ち出して足軽には不相応という理由で暇を遣わせるようにとの指示を行ったのである。

暇を遣わすという奉行の裁許に対し、古屋と杉浦は勘定方の同役と改めて談合（話し合い）のうえ、奉行がその意向であれば、八十八は勘定方支配に属しているが先の書留以上に言うべきことはないとしている。一〇日の書付「安田八十八儀ニ付奉窺候書付」には、八日の書付を前提にして、安田が首討足軽であることを忘却し、表向きの勤方を疎んじて勝手向きのことばかりを考え、分不相応な衣類、自分が西役所屋敷内の案内役のように錯覚していたこと、などをあげ、「身分格式忘却仕候者」であるから「御暇被遣候」との窺いとして差し出されている。

窺い書はこの後、一〇日以降一二日・一三日と、家老宮内と杉浦・古屋との間で調整され、その後一三日に二人は安田を西町役所へ呼び出し、奉行の指示通りに心得違いの旨を安田に告げて「長暇」を申し渡している。

二人は安田の引き払った長屋ほかを見分して、宮内にこの旨を書き付けて届け出た。最終的には一三日に東町屋敷で、宮内から二人へ安田「御暇」の申し渡しが行われた。

一〇日の書付は二人が提出した八日の書付を奉行の指示で書き直したことになるため、二人は裁許の不十分さの責めを自覚して、「差控」の窺いを差し出した。これは、西町与力の内山藤三・美馬忠太に差し出されていた。そこには、勘定方の支配であった首討足軽の取り計らいに不行き届きがあったために、職務を差控えたいと窺いが記されていた。これについては鵜殿から不問に付す、差し控えに及ばずの意味の付札がされて、二人に戻されている。

この後、西町奉行所を追われた安田八十八一家がどうなったのか、どこに行ったのかは不明である。これ以後も大坂町奉行所には「様シもの役」同心がいたが、これに代わるような首討足軽に類する死罪執行の専門官がいたのかどうか不明である。少なくとも享保期から明和期にかけて、その執行役は存在した。

三　西町奉行所与力内山彦次郎の「暗殺」

1　天神橋上の「天誅」

天神橋の「張札」

元治元年（一八六四）五月二二日朝、東横堀川に架かる今橋（中央区今橋）に「張札」があった。そこには二一日の夜戌刻（午後八時ごろ）、大川に架かる天神橋上で大坂西町奉行松平大隅守組与力内山彦次郎に「天誅」を加え、「奸賊」彦次郎を殺害したことが記されていた。敏腕与力として知られた与力の暗殺であるから、相当の衝撃を与えたことは想像に難くない。

彦次郎が父藤三郎に次いで西町奉行所の与力見習となったのは文政一〇年（一八二七）である。天保元年（一八三〇）の御役録では吟味役・盗賊役を勤めている（『勤切書』）。以後暗殺される元治元年まで、三〇年以上第一線の与力として活躍した。かの天保改革の原案となった「諸色取締方之儀ニ付奉伺候書付」を調えた与力でもある（後述）。これは天保一三年のことであるが、ときの西町奉行阿部遠江守正蔵が老中に指示され、内山彦次郎に調査を命じていた。

この調査と書き上げによって、与力としては異例の褒賞が与えられたことは『実紀』にも記される。元治元年には諸御用調役・勘定役・地方役・唐物取締役を兼務していた(『御役録』)。見習いの平均出仕年齢一六歳前後から推測すれば、元治元年には七〇歳前後であった。内山暗殺の記録は『鍾奇斎近世風聞雑記』にも収められている(『大阪編年史』第二四巻)。

内山彦次郎

右之者儀、依天下奸賊、昨夜戌刻、於天神橋上加天誅戮、可令梟首之処、折節市中見廻り之者罷越、無拠乍残念俟内捨置候事ニ候、同人嫡子并大森・八田之族、業跡不相改に於てハ、同罪可行者也、

張札は「奸賊」彦次郎を殺害、さらし首にするところをたまたま市中見廻りが来たので、そのままにしておいたこと、彦次郎の息子や同じ与力の大森(隼太、西町与力)や八田(五郎左衛門、東町与力筆頭)もこれまでの行いを改めないと同じように天誅を加えるということであった。これには殺害の理由は少しも記されていない。

殺害の理由は、同じ日付で京都市中にも張り出されていた張紙にあった。それは殺害の様子も今橋の張札よりも詳しく記される。張紙の場所は京都四条御旅所妙見宮にあった。今橋の張札では殺害の理由は明確ではなかったが、妙見宮の張紙にはその理由と殺害者「天下義勇士」の署名があった。これもまた『鍾奇斎近世風聞雑記』に記される。

張紙

大坂町奉行松平大隅守組与力
内山彦次郎

此者儀、累年驕奢ニ長し、不憚天下、非道之所行不遑算、不法之贅言ヲ以愚民ヲ惑し賄賂に耽り、依怙ヲ以政道を横算し、剰昨年已来、私欲に任せ諸色高値之源を醸し、万民之困苦を不顧、其罪天地ニ不容処也、依之、廿日夜ニ於天神橋上加天誅候、同勤八田五郎左衛門・大森隼太、右両人一味同心故、不移時日加天誅候間、諸色之本元も追而可致下落候、若此段相背、高利ヲ貪り候ニ於てハ、速に加天誅候間、早々致改心、万民之心体安楽可致者也、

五月廿一日　　　　　　　　　　　　　　天下義勇士

つまり彦次郎は驕り高ぶっており、贅沢な暮らしや天下をも恐れないような非道の所行を続けている。また言葉をもてあそんで人々を惑わし、しかも賄賂に耽って依怙贔屓な政治もやっている。そのうえ諸物価が高騰する原因も作り出しており、その罪は許されないところである。それで天誅を加えたというのである（前同）。

暗殺の理由

内山彦次郎の暗殺の真因は、この張札や張紙からは具体的なことは不明である。暗殺の理由も驕奢、非道の所行、賄賂、依怙の政道、諸色高値の源を作ったことなどがあげられているが、必ずしも明解ではない。ただこれまでのいくつかの研究によると、彦次郎を殺害したのは新撰組で、その理由は力士切り捨て事件をめぐる彦次郎と新撰組との対立によるとする。宮本又次氏の「内山彦次郎」（同氏編『上方の研究』第三巻）や大阪読売新聞編『百年の大阪』第一巻所収の「与力・内山彦次郎」などの説である。いずれも典拠は『新撰組始末記』である。

それらによると、彦次郎と新撰組の対立の経緯は大坂相撲の一行と新撰組の喧嘩にあった。文久三年（一八六三）七月一五日、大坂で勤皇浪士の動静を探り、八軒屋（中央区）の京屋忠兵衛方に泊まっていた近藤勇・芹沢鴨らが納涼に出たところ、たまたま酔っぱらった大坂相撲の一行に出会い、いさかいを起こした。ことのなりゆきで、芹沢鴨が大坂相撲の一人を斬り捨てた。これに憤激した大坂相撲の連中が、仇を討とうと新撰組が遊興していた曾根崎新地の料理屋住吉屋に、樫の八角棒を持って力士五、六〇人が押しかけた。斬り殺された力士の仇討ちであるが、これが返り討ちにあって、逆にさらに数名が斬り殺された。記録によれば、死亡五名、重軽傷者一六名ともいわれる。

このいさかいは大坂相撲側が詫びを入れて落着した。近藤は翌日事件を奉行所に届け出て、それで済ませるつもりであったが、これを担当した与力が彦次郎であった。彦次郎は、いさかいの原因や力士を斬り捨てた経緯、死体の処理について細かくまた厳しく追究したため、近藤は返答に困り、京都守護職の名前まで出して取り調べを拒否し、腹を立てて席を立ったという。

暗殺の原因の一つがここにあるとされる。つまり彦次郎の厳格な追究を根に持った近藤らが、その腹いせに「天誅」の名目で彦次郎を殺害したというのである。このときの刺客は沖田総司・原田佐之助・永倉新八・井上源三郎であった。『新撰組始末記』の記録では、彦次郎は東町奉行所から帰る途中、天満橋で殺害されたとある。

しかし彦次郎は西町奉行所所属の与力であるから、東町奉行所から帰る途中と記すのは誤りであろう。また天満橋も東町奉行所から帰るとしたための思い違いであろう。また場所も、さきの張紙・張札から天神橋とするのが正しいが、「与力・内山彦次郎」（前掲『百年の大阪』）でも殺害場所を天満橋としている。これは『新撰組始末記』によっているからであろう。

またこのほかの殺害理由には、油の買い占め、商人との結託、収賄、箱館物産会所での非道などがあげられているが、宮本氏はこれらを理由とするのは「単なる推量」にすぎないと指摘している。その根拠は天保一四年（一八四三）から弘化元年（一八四四）まで西町奉行であった久須美佐渡守祐明が、彦次郎を昼夜の別なく仕事に励み、質実堅固で、御用向きのこと以外は私邸に町人を一人も入れない有能な役人であると評したという記録によっている。

暗殺理由への疑問

このようにみてくると、彦次郎暗殺の理由はなかなか断定しにくい状況にある。諸説もその故であろう。はたして彦次郎暗殺の本当の理由は何かがみえにくくなってくるが、そこでさきの張紙に記された殺害理由をもう一度確かめてみよう。張紙・張札には、暗殺理由を奢侈、非道の所行、万民を惑わす贅言、賄賂、偏った行政、諸色高値の原因を作り出したことなどがあげられていた。『新撰組始末記』には新撰組がその犯人であるといい、力士斬り捨て問題をその理由としている。

しかし、なぜか張紙・張札には新撰組のことも、その力士斬り捨て事件のことも、また油の買い占めのことも出ていない。ただ「天下義勇士」とあるだけで、当時の勤皇の志士による殺伐としたテロの風潮に乗った殺害と同じ状況を臭わしている。たしかにテロの時流は当時の大坂にもあった。このころ大坂市中には立て続けに梟首（晒し首）の張紙が掲げられていた。はたして本当の殺害者は誰なのか釈然としない。その理由もまたしかりである。

町奉行や町人らから有能と評され信頼されていたからといって、賄賂・買い占め・商人との結託などを殺害理由とするのは「単なる推量」として退けたり、白色テロとか不運として片づけるのも、また力士事件の取り調べの遺恨だけを殺害理由とするのも不十分なようである。たしかに、『百年の大阪』に紹介されているように、一般的には、どちらも幕府方の人間であるから、味方であるはずのお互いが殺し合うはずがない、たぶん勤皇の浪士に賄賂や商人との結託などを理由に殺されたと考えるほうが妥当で、当時そう思いこまれたとしても不思議ではない。だからこそ、新撰組の者たちは『新撰組始末記』などの後の回想で、賄賂や買い占めなどではなく、新撰組による力士斬り捨て問題が本当の暗殺の理由であったと主張したのであろう。

しかし、殺害者が新撰組であったとしても、はたして殺害された理由は力士斬り捨て問題だけかといえば、そうではないようである。張紙をもう一度読み返してみると、そこには内山暗殺の後、大森・八田両人も所行を改めないとすぐにでも天誅を加えると記されている。新撰組が力士斬り捨て問題で彦次郎に詰問され、その腹いせに暗殺したとするならば、なぜにその事件には直接には無関係と思われる大森や八田までもが、次に天誅を加えられるべき「一味同心」としてあげられるのか疑問である。

ここにあげられている大森とは大森隼太、八田とは八田五郎左衛門で、両名とも大坂町奉行所与力であった。大森は彦次郎と同じ西町奉行所の与力で、このとき地方役・吟味役・唐物取締役を兼務していた。また八田は東町の与力で、このときは目付・寺社役・吟味役・唐物取締役、および西宮・上知方を兼帯していた。ただ単に同じ与力というだけでは「一味同心」とはいわないはずである。

この「一味同心」という意味を解くことが、内山彦次郎暗殺のもう一つの理由を明らかにすると思われる。なぜに大森や八田がこの張紙に記され、しかも所行を改めないと「同罪」にするとして脅迫されなければならないのかについては、これまでの研究では触れるところがないようである。そこで暗殺の理由で大森や八田が「同罪」や「一味同心」にされた背景について再考して、彦次郎暗殺のもう一つの理由を探ってみよう。

2 「天誅」に揺れる大坂

大坂の「天誅」記録

彦次郎の活躍した時期は、幕末の「天誅」の発生が頻繁であった。特に文久年間（一八六一―六四）に入ると、「天誅」の張紙が頻出した。明らかに無差別テロである。暴力による思想・主義の圧殺、ましてや人の殺害はいつの時代であろうとも、どんな理由があろうとも許されることではない。しかし民主主義と自由人権の保護が当たり前のように思われている現代でさえ「社会改革」を大義名分にしたテロが世界各地で起きている。まして民主主義や自由など思いもつかなかったと考えられる日本の近世後期である。大坂三郷でも「天誅」に名を借りた浪士や新撰組のテロが頻々と起こっていた。彦次郎暗殺の「張紙」もその一つである。

ちなみに『近来年代記』（大阪市史史料輯第1輯・第2輯）や『鍾奇斎日々雑記』『鍾奇斎近世風聞雑記』（『大阪編年史』第二四巻所収）などによって主な天誅事件をあげてみると、文久三年から元治元年の二年間で八件の「天誅」が記録されている。

文久三年正月二二日　池内大学泰時の首が難波橋欄干にさらされる。
　七月　二日　石塚岩雄の首が天神橋欄干にさらされる。
　七月一一日　守田道意の首が日本橋にさらされる。
元治元年正月二四日　伊勢屋平兵衛の首が道頓堀大和橋にさらされる。
　二月二六日　浪士大谷仲之進の首が東本願寺南門前にさらされ、山本誠一郎ら傍らで切腹。
　二月一九日　助右衛門橋に姓名不明の首がさらされる。
　五月　五日　岡田式部の首が東本願寺別院門前石燈籠にさらされる。
　五月二七日　高橋建之丞の首が東本願寺別院門前にさらされる。

いずれも勤皇派の浪士が学者や「裏切り者」、商人と結託する奸吏、浪士同士のいさかいなどで殺害に及んだ事例が多い。

張紙による脅迫

この間、三郷各所に天誅を下すという脅迫の張紙も出された。たとえば文久三年（一八六三）八月八日には堂島の寄場や難波橋などに、商人らの物産の独占販売による暴利の取得、役人との馴れ合いなどを糾弾し、改めなければ天誅を加える旨の張紙が出された。同様に八月二八日には家屋を焼き払うとか、また元治元年（一八六四）五月一〇日には高麗橋に、近々藤沢東該を殺害して梟首にするという張紙も出されていた。このほか商人や幕府役人の馴れ合いを糾し、物価の引き下げを期待して浪士にこれら商人への「天誅」を望む張紙もあった。

また文久三年八月二日から五日にかけて、異国交易にかかわっていた商人等が天誅の横行に恐れをなし、これ以上は交易に関与しないから寛大に処置してくれという頼みを書き付けた張紙を、安土町の御堂筋の自身番屋、阿弥陀池、天満橋、難波橋、天神橋などに張り出すという状況もみられた（『大阪編年史』第二四巻）。

浪士の三郷への入り込み、張紙や天誅に対し、大坂城代・大坂町奉行はいくども触を出し、世上の安定化、取締の強化をしたが及ばなかったようである。天王寺万福寺には新撰組の屯所もあり、また加えて盗賊も横行し、まさに情勢は無政府的なテロと脅迫のなかにあるという雰囲気であった。このなかで彦次郎の暗殺があった。記録では彦次郎以後も高橋某の殺害があり、天誅予告の張紙も出されていたが、彦次郎以後は大坂では天誅は起きていない。これはこの直後京都に異変が起こったことによる。元治元年七月の蛤御門の変である。薩長による倒幕に向けての運動は、幕府軍との武力衝突に展開したのである。新撰組も勤皇浪士もテロの行使よりも、さらに直接的な軍事行動が求められたためであった。

彦次郎が活躍した時期は政治的にも経済的にも不安が増大しつつあった時期であった。彦次郎が倒幕運動に加わるはずもないし、また新撰組のような幕府擁護のテロに走るはずもない。はたして新撰組が彦次郎を暗殺したとして、その理由は本当は何であったのかが明らかにされなければ、どうも収まりがつかない。

3 「暗殺」のもう一つの理由

北中嶋郷上嶋地域の堤「切割」騒動

さてそこで、さきに触れた賄賂や商人との結託云々の意味合いである。これについては、万延元年（一八六〇）に起きた摂津西成郡北中嶋郷の堤「切割」騒動がある。それにかかわった大坂町奉行所の与力・同心と地域の庄屋・百姓らの間の、さまざまなやりとりに賄賂が介在しているようである。それを次に検証しておこう。

万延元年は閏三月ごろから降り続いた雨で、五月一三日になって淀川の堤が切れ、河内は水浸しとなった。摂津など三郷周辺の村々でも雨のために田畑が冠水し、稲の植え付けができなかったり、例年より遅れて植え付けられていた（『大阪編年史』第二三巻）。

さきに指摘した大森や八田の「同罪」「一味同心」の意味を解く鍵はこの淀川の出水にからんで起きた北中島郷の堤切割騒動にある。またそれを契機に、同年八月、北中嶋郷の村々や摂津・河内・和泉の鈴木町代官支配の百姓らが城代と東西両町奉行に提出した嘆願書「乍恐奉歎願候」（大阪市史編纂所蔵天王寺村文書）で確かめることができる。

北中島郷は中津川（現新淀川）と神崎川に囲まれたデルタ地帯で、現在の大阪市東淀川区・淀川区・西淀川区・此花区などの地域に相当する。淀川のデルタである所から、古くから水吐けが悪く、溜まり水の排水に悩まされていた地域である。延宝六年（一六七八）にはその排水を目的にした中嶋大水道を、地域二二ヵ村の訴願により百姓普請で開削している（東淀川農業協同組合編『百姓普請の中嶋大水道』、『新修大阪市史』第三巻）。

さて、「乍恐奉歎願候」（以下、歎願書）は、万延元年の大水に関係した地域の江口村と大道村地域（いずれも大阪市東淀川区）ほかとの争論の取り調べに対し、その不法を訴えた願書である。争論は、大雨に際して江口村の庄屋善左衛門が浸水を恐れて、村内を走る農道（野通い道）を切り崩して水を下流の大道村ほか北中嶋郷上嶋郷の村々に流したことから始まっている。問題は、農道が大水の際には下流村々の防波堤の役割を果たしていたことと、それを切り崩す場合は江口村から他村へ事前に連絡する約束となっていたのに、善左衛門側がそれを無視して独断で切り崩したことにあった（詳細は、渡邊忠司「幕末期摂津北中嶋郷江口村の水掻をめぐる在方争論——摂津西成郡江口村水掻一件」『大阪の歴史』増刊号、一九九八）。

歎願書では、野通い道の不法な切り崩しだけでなく、それまでに善左衛門が行っていたさまざまな不法行為を告発し、しかもその不法な行為の取り調べの時に、善左衛門が町奉行所の与力や代官や手代らに賄賂を渡して便宜を図らせていたことや、そのために訴えた百姓らにとっては全く依怙贔屓としか思えないような散り調べが行われ、訴訟はことごとく善左衛門側に有利な結末となっている状況も訴えていた。

それゆえに、このとき出された歎願書の宛先は、両町奉行だけでなく城代への直訴ともなっていた。百姓らは、このうえは善左衛門をはじめ賄賂を用いて不法を行う者らを捕らえて、公平な正しい取り調べをしてくれるようにと記していた。その奥書には、

前書数々奉歎願候儀ハ相違之儀決而無御座候、然ル上者表向調印仕奉願上度候得共、前段賄賂ニ而願上候而も迚茂〳〵御取上無之、此上致方無御座候ニ付、封訴ヲ以御直訴仕候間、百姓共不便ト被思召候ハ、歎願通御吟味被為成下、実意之御吟味奉願上候、右御聞届被為成下候ハ、広大之御慈悲難有仕合奉存候、以上、

右村々
惣百姓共

御城代様
両町奉行様

とある。これまで書き上げてきたことは間違いのないことである、しかし賄賂を以てお願いしても取り上げてくれないだろうから、「封訴」によって直訴に及んだ、百姓を憐れと思われるなら歎願のとおりに吟味してほしい、それも公正な吟味をお願いしたいと強調している。

騒動の経過をみよう。発端は、さきに触れたように、江口村の庄屋善左衛門が他村に断りもなく堤を故意に切ったことにあった。上嶋郷の村々では雨のために、五月中旬には湖水のようになってしまっていた。百姓らは不思議なことと思いながら村々を見回っていたところ、江口村の堤が切られていたことに気づいた。そのため水利・用水の年番に当たっていた小松村の源左衛門に、江口村に水を塞き止めさせるようにと掛け合ったが、源左衛門は江口村の善左衛門と馴れ合っていたのでうまくいかず、上嶋郷の百姓らは難渋していた。そこで、堤の切れた所を自分たちで塞き止めようと大勢で押し掛けようとしていたところ、源左衛門が堤を塞き止めさせたので、百姓らは番人を三人置いてその場所を見守っていた。この源左衛門の行動は、善左衛門と示し合わせて表面上百姓らの不満をそらすためにやったことでもあった。

それを裏付けるように、善左衛門は三人の番人を捕まえて自分の居宅の納屋に監禁してしまったのである。これには上嶋郷の百姓らが憤慨してすぐに解き放すように申し入れ、連れ帰った。そうこうしているうちに、百姓らの間では、馴れ合う善左衛門と源左衛門を撃ち殺してしまえという雰囲気になり、両人宅に押し掛けたところ、善左衛門らは切った堤の付近で、鑓三〇本、鉄砲二五、六挺などを揃えてかがり火を焚いて見張りを置き、しかも三〇〇人もの人数を置いて近づけないように固めていた。表現はやや大げさであるが、この状況をみてどうしようもないと判断してやむなく引き上げたが、それでも百姓らはそれに対抗する気構えで用意を調えていた。

そこへ代官屋代増之助の元締・手代吉田憐（隣とも）助・森忠一郎・長沢半助がやって来たので、かれらを取り囲み、善左衛門と馴れ合う同様の役人らであるから鋤・鍬で打ち殺してやろうという気構えであったが、新家村の太郎兵衛が役人らに善左衛門らのことを申し入れたところ、善左衛門は不法者なので召し捕って皆の納得するように吟味し、重罪にするからひとまず引き取るようにと答えたので、引き取った。これが善左衛門の堤切割から起こった騒動の概要である。

善左衛門の賄賂攻勢

ところが騒動のあと、吉田らは私領・幕領に関係なく、上嶋郷の百姓らを一〇人ばかり召し捕り、筋の通らない吟味をして百姓の方ばかりを悪く言って、逆に善左衛門には有利な吟味をした。また召し捕られた百姓らは、万延元年五月二八日からは代官所から西町奉行所に引き渡されて、そこで吟味を受けた。百姓らは事件の発端が善左衛門にあったことを訴えたが、ここでも善左衛門の言い分だけが通り、百姓らには合点のいかないことばかりであった（渡邊前掲論文参照）。

　そこで、百姓らで少し調べたところ、善左衛門が奉行所の与力や代官所の手代らに金を送り、取り調べに便宜を図ってもらっていたことがわかったというのである。歎願書には、これらの経過と吟味の一方的な偏りの原因について記している。

私領・御領之無差別前書之役人罷越、中嶋郷之者拾人計召捕、不筋之吟味いたし、田中善左衛門ヲ存外取持被致百姓共悪敷御申被成、彼是申居候内、五月廿八日西御奉行所江御引渡ニ相成、右御役所ニ而御吟味御座候処、田中善左衛門ゟ事発シ申上候得共更ニ御取上無之、存外田中善左衛門御取持被成百姓共一切合点不参、夫ゟ内実御掛り御役人手入仕候処、内山彦次郎・大森隼太、東御組八田五郎左衛門右三人之御方へ田中善左衛門内願仕、五月廿四日牢屋敷立入仕候三宅ト申医師江頼込、金千両御掛り役人三人江三宅ト申者取次仕、又屋代増之助殿并元〆手代吉田憐之助・森忠一郎右三人之方へ同様三宅ト申者金三百両差上、依之西御奉行久須美佐渡守様江屋代殿ゟ内願ニ相成、右故田中善左衛門ハ高見ゟ見物致居、是等之御取計百姓共ニ取候而誠不法之御取計と乍恐奉存候、右賄賂一件ハ急度証拠人御座候、

ここには牢屋に入れられていた善左衛門が、おそらくは治療の名目で五月二四日に牢屋にやって来た医師三宅を使って、西町奉行所の与力内山彦次郎・大森隼太、東町奉行所の与力八田五郎左衛門の三人に千両、大坂鈴木町代官屋代とその手代吉田・森の三人に三百両を贈り、屋代から西町奉行久須美にはたらきかけさせて、自分に有利な取り調べを行わせようとしていたことが記されている。内山と八田はそれぞれ西町と東町の筆頭与力で同心支配の役目にあった。明らかに何らかの意図をもった賄賂の色合いが濃い贈り物である。

「急度証拠人御座候」と強調しているように、記録が確かであれば善左衛門は百姓らの取り調べを、まさに「高見の見物」の感覚で見ていた状況がうかがえる。それにしても一人で千三百両も出すとはたいへんな財力であったといえよう。米一石（約一五〇キログラム）を一両と考えると、現在の金額で約一億円ぐらいであろう。

善左衛門の罪状はこのほかにも西成郡木津村（大阪市浪速区）の庄屋嘉右衛門、天王寺村（同天王寺区）の牛博労頭孫右衛門、東成郡猪飼野村（同生野区）の庄屋権右衛門らの争論を取り持って収賄や法外な手数料を取ったり、また非常手当銀と称して公金を私物化していたことなど

があげられ、摂河泉の村々すべてに及ぶ不正が告発されている（前出天王寺村文書、および渡邊忠司「幕末期の取扱人（仲介人）について――幕末期郡中惣代のゆくえ」『大阪の歴史』第五十六号、二〇〇〇）。

賄賂の金額

歎願書には、詳細な賄賂の実態や善左衛門の行状が記されているが、善左衛門の賄賂攻勢を受けていたのが内山・大森・八田らの与力と、代官屋代とその手代らである。この歎願書によれば、内山らは天誅の張紙が指摘するとおり、まさに賄賂を受け取っていたことになる。歎願書は賄賂の宛先と内訳、その具体的な金額についても記している。

此度御役人方遺恨ニ存居候御方々御連名、

乍恐左ニ、

一式様御組与力

八田五郎左衛門

此御方ハ当五月中嶋郷水一件ニ付御掛りニ而、内山彦次郎殿ト伯父甥之間柄ニ而、牢屋敷へ立入仕候医師三宅ト申者ヲ田中善左衛門頼込、同人ゟ万事内頼ミ仕、当時一件ニ付賄賂金弐百両三宅ゟ八田五郎左衛門江相渡候、

久須美様御組与力

内山彦次郎

此御方ハ田中善左衛門出入仕候御方ニ而、所出入事善左衛門之存寄りニ御取計被成、此般中中嶋郷水一件之御掛りニ而、御両人江三宅ゟ八百両賄賂取次、金五百両ハ内山へ、三百両ハ大森江

これによると、百姓らが遺恨に思っている与力は東町奉行一式（一色）山城守直温組の八田、西町奉行久須美佐渡守祐雋組の与力内山・大森の三名と、代官屋代とその配下の手代吉田らであった。さきに千両と記されていた金額が、医師三宅を取次にして八田に二百両、内山に五百両、大森に三百両に分けて渡されていたことが記されている。西町奉行所の内山・大森ら二人に金額も多く渡されているのは、北中嶋郷の水掻一件が西町奉行所の担当であったためで、賄賂もそのために贈られていたことを裏付けている。争論にかかわる責任の違いであり、内山がその中心にいたことも明白であろう。

この結果、善左衛門に有利な吟味と裁許が展開されたのである。他の村々に断りもなく故意に堤を切って、地域に大きな被害をもたらした張本人が金の力で与力を動かし、代官やその手代らを操って自分に有利な裁判をやらせようとしたのである。この善左衛門の意図は成功しているといわねばならない。それは百姓らの城代と両町奉行への直訴状作成に示されているといえよう。

収賄事件も彦次郎暗殺の原因

この直訴の結果がどうなったか、また実際に出されたかどうかは明らかではないが、この争論

の後も善左衛門が同じような行動をしていたようであるから、繰り返しになるが善左衛門の賄賂攻勢は効果があったとしか考えられない。ただ、注目しておきたい事実は、この直訴状が作成された万延元年（一八六〇）八月から四年目の元治元年五月二一日に彦次郎は暗殺されたのである。この日はまた新撰組の力士斬り捨て事件から一年後のことでもあった。

このように考えてくると、彦次郎はただ単に力士斬り捨て事件だけで暗殺されたとは考えにくいのである。かりにも同じ幕府側に立つ者たち同士である。たとえ遺恨があったとしても、たかが相撲取りとのいざこざを裁許し、そこから行き違いがあったことだけで殺害するにはあまり正当性がない。またそれだけのことで、対立する勤皇浪士側に有利になるような殺害のしかたはしないようにと考え、なんとか誰もが納得するような理由を持ち出すのが一般的であろう。

それは「天誅」の張紙による殺害の正当化、「天下義勇士」の署名にみられるといえよう。新撰組も、たとえ殺害するにしても正当な理由が必要であった。それが対立勢力の責任に見せられれば好都合なわけである。理由付けを捜していた新撰組の者たちに、ちょうど西成郡村々の百姓らが万延元年以降、内山ら幕府役人の不正を追及し訴願まで行おうとしていたことが耳に入ったと考えるのが妥当であろう。一年はそれを調査するのに十分な時間である。

幕府の、それも町奉行所の与力が賄賂を取っている。放っておけば勤皇の志士たちが幕府の腐敗や倒幕を呼号する恰好の材料にされてしまう。しかも力士斬り捨て事件のときは同じ幕府側の者と承知のうえで、手心を加えない厳しい追究をされている。ひと思いに殺害してしまえとなるのは、テロ集団であるからこそしごく当然のなりゆきといえよう。

また彦次郎殺害の張紙に、大森や八田を「同罪」「一味同心」と記していたことも納得がいく。まさに内山・大森・八田が賄賂を贈られていた与力三人組であったためであろう。殺害の理由付けには最適であった。張紙には、同じ賄賂を贈られていたとされる代官や手代の名前が一人も出てこないのは、殺害理由が表向きは収賄であるにしても本当は単純な遺恨にあったことを示している。

しかし、内山彦次郎は久須美ら大坂町奉行から有能な与力として、高い評価を与えられている。天保三年から七年にかけて西町奉行を務めた矢部駿河守定謙は内山の有能さを書き残しているし、天保の改革で大坂の商業状況を調べさせた阿部正蔵（天保一二年—一四年）もその経済感覚の鋭さに感銘している。なによりもさきに掲げたように、天保改革との関連で勘定格の待遇を与えられ、報償まで受けていることが何よりの証拠であろう。それがなにゆえか百姓らからは非難の対象となっていた。

このことは、いわゆる上司からいくら評価されようと、また町人階層からの受けはよくても、それが一般の百姓らにとってよりよい行政の執行官であるとは限らない。彦次郎が有能であったのはまさに幕府にとっての意味であって、百姓らにとっては、財力のある有力百姓や商人らに偏った、いわば依怙贔屓の行政官にみえたといえよう。その意味では、内山ら与力、代官・手代らは中嶋郷や、また屋代代官支配の村々百姓からみれば、できるだけ早く担当場所を替えてほしかったのである。そうしていただければ、数百の村々がありがたがるであろうとも記している。

つまり歎願書には、

早々御場所替被為成下候ハ、数百之村々難有仕合奉存候、

とある。彦次郎が暗殺されたと知ったとき、この地域の百姓らはどのような感慨を持ったのであろうか。彦次郎の暗殺は、ただ力士斬り捨て問題だけではなく、収賄と依怙の政道もその一因であったといっても間違いないであろう。まさに動揺する幕末・維新期の大坂を象徴するエピソードの一つである。

4　内山彦次郎と大塩事件

与力彦次郎の活躍

文政一〇年（一八二七）、内山彦次郎は西町奉行所与力見習いとなり、元治元年（一八六四）に暗殺されたが、その時期は、天保八年（一八三七）に大塩の乱、同一二年からは天保の改革が始まり、政治的にも経済的にも緊迫した状況が続いた。彦次郎も天保一三年、西町奉行阿部遠江守正蔵の指示により物価引き下げ策「諸色取締方之儀ニ付奉伺候書付」を作成し、天保の改革に大きな影響を与えた（『大阪市史』第五、『新修大阪市史』第四巻）。

以後も文久元年（一八六一）には融通貸付会所の設立案や、嘉永六年（一八五三）・万延元年（一八六〇）の御用金賦課と納入に際しても商人等を説得するなど大きな役割を果たし、敏腕の

与力として知られていた。『続徳川実紀』第四編には文久元年四月二八日付けで、その功績に対し褒美を与えられたことが記録されている。

金弐枚　　御暇
　　　　御勘定格
　　　大坂町奉行組与力
　　　　　　内山彦次郎

これによると、彦次郎は幕府から「御勘定格」に取り立てられており、それをやめるに当たって「金弐枚」の褒賞金を与えられたことが知れる。これはさきに触れた前任の西町奉行久須美祐雋の報告で、幕府上層部に覚えがめでたかったのであろう。大坂地付の町与力が褒美を与えられ、勘定格に取り立てられていること、またその仕事ぶりを褒められるなど、どちらかと言えば破格の扱いである。大塩平八郎も意識していた彦次郎の卓越した活躍ぶりがうかがえる記録である。

内山彦次郎が幕政に影響を与えた、今に残る業績の最たる事例は大坂とその周辺地域の商業調査である。それが天保一三年三月の「諸色取締方之儀ニ付奉伺候書付」である。これはときの西町奉行阿部遠江守正蔵が、老中の命をうけて内山彦次郎に命じたことであった。その冒頭に「去丑九月在府中、大坂表廻船其外諸運上諸色取締筋之御用、可取扱旨被仰渡候ニ付」とあり、着坂後の天保一二年九月に命じられ、調査にかかったと記している（『大阪市史』第五）。

これもよく知られているように、天保改革の政策立案の基となった調査である。奉行阿部正蔵はすべての品物を調べ上げることは際限がないので、日用の主な品物を中心に調査させて報告したと注釈している。その調査項目は、諸知行所の諸産物・諸大名の廻米、大坂町中の搗米、大坂町奉行支配国内の酒造、塩、炭薪、実綿と繰綿、乾物類、蝋・紙、瀬戸物類、畳表、銑・鉄、藍、石、瀬戸物荷物売買の実態、吹銅、唐物類、獣革などである。

内山はこの調査で、兵庫津と西宮に出向き、両地の廻船問屋が中心となって大坂に運ぶ諸商品の種類と数量を調査した。これは大塩事件四年後のことである。もしも一六歳で見習いに出仕したとすればほぼ三〇歳である。熟練し始めるころでもある。内山はこの調査を評価され、御勘定格に抜擢された。これは遠国奉行の地付与力としては異例のことであった。隠居に当たっては、さきに触れたように褒賞を与えられている。

標的となった彦次郎

新撰組とのいさかい、それに引きずられたかたちの暗殺と、内山彦次郎はたいへん劇的な生涯を送ったともいえそうである。彦次郎は、これよりさきもっと劇的な事件に遭遇した。天保八年二月一九日の大塩事件である。さきにみたように、なぜに暗殺されたかも推測することはできても謎である。大塩事件の際にも大きな不思議があった。

大塩が天満与力町で蜂起したとき、最初に攻撃しようとしていた家が彦次郎の家であった。なぜに大塩は内山彦次郎の居宅を最初の目標にしようとしたのか、これが一つの謎である。またなぜか運良く、そのとき彦次郎は不在であり、大坂にもいなかった。大坂に帰ったときには、すでに大塩の乱は終わっていた。大塩が蜂起したとき、彦次郎はどこにいたかといえば、そのときは西宮辺りに出張していたようである。内山の『勤切書』ではこれを確かめることができる。偶然にしては、あまりにも符合しすぎる不在である。これも謎である。

そのうえ彦次郎は大塩事件に遭遇しながら、それに対する表立った痕跡を残さず、自らの勤務記録である『勤切書』にはその記事も記録もない。不思議なことである。大塩事件のとき、彦次郎は文政一〇年（一八二七）に見習い与力になってからちょうど一〇年であった。おそらく二五、六歳と推測されるが、いまだ見習いのままであった。

大塩事件では、よく触れられるように、内山は、大塩勢との闘いや捕縛に玉造与力の剣術と砲術など武術の名手であった坂本鉉之助のような「大活躍」をしているわけではない。後には西町奉行所の筆頭与力ともなった内山彦次郎の名前が鎮圧や探索・捕縛の記録に出てこない。謎の一つである。これは見習いであったということもあったが、それ以外の理由も考えられるようである。そのことを彦次郎の「業績」とともに探ってみよう。

さて、内山彦次郎が大塩の攻撃標的となっていたことは吉見九郎右衛門の訴状でも知られている。これは天保八年二月一九日早朝に大坂城代・定番と大坂西町奉行宛に出された訴状、密告「乍恐公儀一大事之儀奉急訴候」（向山誠斎『丙午雑記』、『大阪編年史』第一八巻）である。吉見は大塩に加担し、蜂起直前に「裏切った」が、この訴状に見られるように、内山は与力見習いとなったころから大塩とは気が合わず、また仲が悪かった。吉見は、それが大塩の標的となるおそれがあると注記している。吉見は、訴状にわざわざこのことを但し書きとして付けた。

但、西御組与力見習勤内山彦次郎義者兼而平八郎心ニ合不申由之処、彦次郎儀此度遠方御用参候哉御沙汰承候間、逃し不申候者手始ニ取懸候儀も難計奉存候間、出立御差延御賢慮被廻候様奉仰候、

吉見は、大塩が内山彦次郎の居宅を「手始」に打ち壊そうとする気配があることを示唆している。吉見はそのための対処を求めていたようである。「気が合わない」ということは、別の見方をすれば、大塩が年齢は違うが内山を強烈に意識していたためと見ることもできる。

ここに彦次郎が標的にされかけた理由の一端が記されている。おそらくは、大塩の考え方に同調しない彦次郎、また大塩の考え方に反対する彦次郎、という構図である。大塩の蜂起した天保八年は、彦次郎が見習いとなって一〇年である。その間、大塩から何らかの働きかけがあったとみても間違いない。

最も考えられることは、彦次郎が大塩の誘いにまったく反応しなかったということである。大塩に同調して蜂起しようとした組与力・同心が五六人もいたということからすれば、東西与力六〇騎、同心一〇〇人の三分一以上に達していたとみられる。おそらく与力・同心衆内での雰囲気は、同調することが当たり前の情況、いわば付和雷同するべき状態になっていたのではないかと考えられる。

そういう雰囲気のなかで、もしも彦次郎が強固に拒否していたとすれば、大塩からすれば、自分の意見に反対する存在と見え、憎さ百倍の感情に陥っていたとしても不思議はない。吉見はそれゆえにこそ但し書きを付けたといえよう。それが「兼て平八郎心に合不申由之処」という表現

である。

「密告」に救われた彦次郎

彦次郎が手始めの標的とされながら、難を逃れた理由はこれまた吉見の但し書きにみられるように、「遠方御用」に出るようにとの命令が出ていたことにある。これを吉見は、出立を延ばさないようにしてほしいと注記している。彦次郎の出張を予定通りに命じるべきであるとの意見であった。つまり、彦次郎が大坂にいなかった理由は公務で出張していたからである。

吉見は彦次郎の出張を知っていたからこのような注釈を付けたといえるが、これに加えて大塩蜂起の情報が吉見の訴状以前に漏れていたためであったともいえよう。同心平山助次郎の密告である。『塩賊騒乱記』ほかの大塩騒乱記録によると、二月一七日に東町奉行跡部山城守良弼のもとへ同心平山が大塩格之助と父平八郎らが一九日に大坂市中を焼き払う計画をもっていることを知らせている（『大阪編年史』第一八巻）。前出の吉見の密告の二日前である。平山は町目付であった。

このとき大塩に加担すると見られていた与力・同心は、格之助・平八郎のほかには瀬田済之助・小泉渕次郎、同心吉見九郎右衛門・渡邊良左衛門・近藤梶五郎・庄司儀左衛門と、すでに出奔していた同心河合郷左衛門であった。これらの総数が与力・同心五六名である。助次郎はこれに大坂近在の百姓等が加担する情報も確認して伝えていた。

これを聞いた跡部は驚きながらもその真偽を確かめられず、この情報をもって翌一八日に西町奉行の堀伊賀守利堅と相談した。その結果、企みがないとも聞いていないから捕り方を手配して捕縛すべきであるということで一致し、西町与力の荻野勘左衛門と東町与力の吉田勝右衛門へ言い渡した。これに対し、荻野は真偽も不明で、しかも火器等を用意しているところへ捕り方を差し向けることは容易ではないので、穏便な捕縛の仕方をとるべきであるとの意見であった。

情報への対処について、一九日の朝まで跡部の役宅でやりとりが繰り返されていたようである。そこへ吉見九郎右衛門とその悴英太郎、河合郷左衛門悴八十次郎が七ツ時（午前四時ごろ）になって、兼ねてから認めていた書付と連判状のような紙面をもって堀伊賀守のもとへ申し立ててきた。情報は確認され、その以後は早急な対応がとられた。

大塩の蜂起が真実であることが確かめられ、一九日当日の奉行所泊番であった与力瀬田と小泉に問いただしたところ、企てが発覚したと知って逃げ出したので小泉を打ち果たしたが、瀬田は塀を乗り越えて逃亡した。

大塩は瀬田が逃げ込んできた時点で、計画が発覚したことを知り、蜂起したが、すでに企て自体は一七日の段階で漏れていた。ただ大坂町奉行らは与力が謀反を企てることはないと思っていたようで、吉見九郎右衛門らの書付が到来するまで真偽を確かめられないでいたようである。

大塩の蜂起失敗は平山や吉見の密告による影響があったとみられる。特に一七日の町目付であった平山の密告は影響が大きかったとみられる。穿って考えると、平山は町目付としての責務を果たしたのかも知れない。大塩への同調も役務の一環と推測される。

この密告以後かそれ以前か、また彦次郎の出張が予定通りであったのか蜂起での襲撃を避けるためであったのか、いずれも不明であるが、西町奉行の堀伊賀守利堅は彦次郎に出張を命じ、彦次郎は大塩蜂起の大坂にはいなかったのである。

おわりに――大坂町奉行所の終焉

元和五年（一六一九）の創設以来、大坂町奉行所はさまざまなできごとを経験しながら、東西二人制の月番で業務をこなした。それから二四八年後の慶応三年（一八六七）七月、大坂町奉行所の改革が打ち出され、東西町奉行所が一つに統合された。近世大坂の治安・警察機構の改変であり、与力・同心編成の縮小であった。享保七年（一七二二）の支配国の変更とは異なった、明らかな支配・行政機構の変更である。

慶応三年七月一〇日に、東町奉行竹内日向守（後に大隅守）幸彜と西町奉行小笠原伊勢守長功の連名で触書が出された（『大阪市史』第四下）。

> 東西町奉行両所ニ而月番相立、諸御用向取扱候処、今般御改革被仰出、従来町奉行所弐ヶ所を改而壱ヶ所江御取纏相成候ニ付、日向守御役所表之方を奉行所与相唱、伊勢守御役所并日向守住居を以来御役宅与致、諸御用向者御役宅ニ而者不取扱、奉行始日々右奉行所江出勤致し、惣而御用取扱候間、公事訴訟其外共向後同所江可申立候、

改革は西町奉行所伊勢守御役所を廃止して東町奉行所日向守御役所に統合し、東町奉行所を大坂町奉行所とすることであった。それまでの西町奉行役宅と東町奉行役宅とを「御役宅」とし

た。これによって従来の東西町奉行の区別はなくなり、いずれも元の東町奉行所へ出勤することとなった。改革後の業務取り扱いは七月二〇日からとされ、当面は二人の奉行で伊勢守・日向守の順番で月番勤務であった。

これに対応して、与力・同心も東西の区別がなくなり、大坂町奉行組と表示されるようになった。さきの大坂町奉行所統合に合わせて、同じ日付で「右ニ付、与力同心之儀者大坂町奉行組ニ被仰渡、両組打込相勤、一列支配可致事」とする触書が出されている。これは両町組の与力・同心を一組に変更することである。

また与力・同心の役席の区別はなくなり、まさに「一列支配」に変更された。その席順は勤続年数によって区別され、それに応じた職名と給与が支給されている。大坂東町与力中嶋典謨の『拾遺』には、この改革の記録が記される（『大坂町奉行所与力留書・覚書拾遺』大阪市史史料第四十七輯、一九九六）。それによると、大坂町奉行組与力は、大坂町奉行支配調役に三人、同支配調役並に一〇人、同支配調役並勤方に四一人、同支配調役並出役に一八人が編成されている。総計で七二人である。旧来の東西六〇騎（最低六〇人）より多い。

支配調役は旧来の同心支配に相当するようで、切米一〇〇俵と足高・役扶持・役金が支給された。また支配調役並は譜代となり、切米一〇〇俵と役扶持七人扶持、役金五〇両、支配調役並勤方は切米一〇〇俵と役扶持七人扶持、役金三五両が給与であった。これらに支配調役並出役はいずれも与力の忰で見習の者が編成され、御手当役扶持五人扶持が支給されている。旧来の見習い与力に相当する臨時の出役であった。

同心は、大坂町奉行支配定役元〆《締》助役に三人、支配定役に四二人、支配定役出役に三名、奉行組同心小頭に三人が編成され、総計で五一人である。旧来の両町組同心一〇〇人からすれば半数に過ぎない。給与をみると、定役元〆助役は五〇俵三人扶持に足高があり、役扶持三人扶持と役金二〇両、定役は三〇俵三人扶持に足高、役扶持三人扶持と役金一五両、定役出役は御手当扶持三人扶持、組同心小頭は役扶持二人扶持であった。

組与力・同心として編成された人数をみると、与力が七二人、同心が五一人となっており、旧来の与力・同心の総人数一六〇人（六〇騎一〇〇人）と比較すると、四〇人前後が削減されたことになる。これらからすると、改革が支配行政の統括であると同時に人員と経費の削減にあったことが明らかであろう。

これらの改革は大坂町奉行所だけでなく、大坂城代・定番や京都町奉行所などでも実施されており、畿内・西国に対応する軍事・行政機構の改革でもあった。結果的には、大坂町奉行所の改革も徳川政権が行った最後の支配行政改革の一環であった。

慶応三年七月の改変によって、大坂町奉行所は徳川政権当初の東西二員制を放棄した。徳川政権の大坂町奉行は明治維新によって廃止されたが、その実質的な終焉は慶応三年の改変にあったといえよう。

＊　＊　＊

大坂町奉行・大坂町奉行所およびその与力・同心、またその統括・管理機構の研究は、必ずしも多くはない。現在でも『大阪市史』はその研究の最先端にある。幸田成友氏の『江戸と大阪』、春原源太郎氏の『大坂町奉行所の訴訟と裁判』以降においても意義を失っていない。

現状は、大阪市史史料輯（大阪市史料調査会・大阪市史編纂所）の『手鑑・手鑑拾遺』『大阪町奉行所旧記』『大坂町奉行管内要覧』『大坂町奉行所与力公務日記』『大坂町奉行所与力・同心勤方記録』などの史料の継続的な刊行、『新修大阪市史』第三巻・第四巻の刊行以後でも大きな変化はないようである。

本書は、このような情況を踏まえながら、大阪市史編纂所大阪市史料調査会在勤中に考えていた大坂町奉行所をめぐるいくつかの疑問を解明しつつ、現状の克服の一端を担う目的で叙述されている。また、さきの拙著『大坂町奉行と支配所・支配国』（東方出版、二〇〇五）に続き、その読み本的な位置づけも意図している。ご一覧後、大坂町奉行・大坂町奉行所および与力・同心の研究に、いくらかでも興味を持っていただければ幸甚である。

史料の閲覧については、大阪市史編纂所のご高配を得た。お礼を申し上げたい。なお、今回の出版に当たっても東方出版の今東成人社長に多大のご配慮をいただき、校正には北川幸さんのご尽力をいただいた。最後になったが心より謝意を表したい。

二〇〇五年　立秋

渡邊忠司

渡邊忠司（わたなべ・ただし）

1947年（昭和22年）、愛媛県に生まれる。

大阪経済大学大学院経済学研究科博士課程単位取得退学。

現在、佛教大学文学部教授。日本近世史・日本経済史（近世）専攻。

編著書に、『町人の都大坂物語』（中公新書、1993）、『大阪の歴史力』（共編著、江戸時代人づくり風土記、第27巻・49巻、農山漁村文化協会、2000）、『大坂見聞録』（東方出版、2001）、『近世「食い倒れ」考』（東方出版、2003）、『飛脚問屋井野口屋記録』全四巻（共編、思文閣出版、2001〜2004）、『大坂町奉行と支配所・支配国』（東方出版、2005）ほか。

大坂町奉行所異聞

2006年５月15日　初版第１刷発行

著　者――渡邊忠司

発行者――今東成人

発行所――東方出版㈱

〒543－0052　大阪市天王寺区大道１－８－15

Tel. 06－6779－9571　Fax. 06－6779－9573

装　幀――森本良成

印刷所――亜細亜印刷㈱

落丁・乱丁はおとりかえいたします。

ISBN 4-86249-006-9

豪商鴻池　その暮らしと文化　大阪歴史博物館［編］　二〇〇〇円

大阪の引札・絵びら　南木コレクション　大阪引札研究会［編］　五八二五円

大阪城の花暦　登野城弘写真集　一五〇〇円

大阪城の四季　登野城弘写真集　一二〇〇円

天王寺動物園　アラタヒロキ［写真］・宮下実［解説］　一二〇〇円

大阪湾の生きもの図鑑　新野大［写真・解説］　二八〇〇円

前田藤四郎　〝版〟に刻まれた昭和モダニズム　大阪市立近代美術館建設準備室［編］　二〇〇〇円

島成園と浪華の女性画家　小川知子・産経新聞大阪本社［編］　二八〇〇円

＊表示の値段は消費税を含まない本体価格です。